Sophie von Bechtolsheim
Stauffenberg. Folgen

Sophie von Bechtolsheim

Stauffenberg. Folgen

Zwölf Begegnungen
mit der Geschichte

HERDER
FREIBURG · BASEL · WIEN

Für
den Herrn mit der Geige im Lager Dubí,
die Deutschlehrerinnen aus Köln im Lager Dubí,
Rita Pollack,
Ilse Löwenthal,
Jette Löwenthal,
Rosa Oppenheimer,
Ferdinand Mayer,
Susanne Mayer,
Felix,
Axel.
Und für alle, die zerbrochenen Herzens und zerschlagenen Geistes sind
(Ps. 34).

MIX
Papier aus verantwor-
tungsvollen Quellen
FSC® C014496

Verlag Herder GmbH, Freiburg im Breisgau 2021
Alle Rechte vorbehalten
www.herder.de

Satz: ZeroSoft, Timişoara
Herstellung: GGP Media GmbH, Pößneck
Printed in Germany

ISBN: 978-3-451-38730-2
ISBN E-Book: 978-3-451-82246-9

Inhaltsverzeichnis

„Betrifft: Ihr Buch über Stauffenberg"
Wie Geschichte in uns weiterlebt

„Geschichte lebt lange in uns Menschen weiter und bestimmt unser Handeln, unsere Gefühle, Träume, Sorgen und Ängste – unsere Haltungen." Das schrieb mir eine Leserin, die mir über ihren Großvater berichtete und darüber, wie sehr dessen Geschichte auf ihr lastete, vor allem, als sie noch wenig davon wusste. Damit fasste sie in einem Satz zusammen, was als Überschrift für all die Zuschriften gelten kann, die ich nach der Veröffentlichung meines Buches „Stauffenberg. Mein Großvater war kein Attentäter" seit dem Sommer 2019 erhalten habe.

Die vielen persönlichen Reaktionen, die Briefe und E-Mails, die spontanen Gespräche nach Lesungen haben mich überwältigt, berührt und geehrt. Es gab zustimmende und kritische Stimmen. Aus manchen Kontakten entwickelten sich intensive Korrespondenzen und Begegnungen. Am meisten hat mich beeindruckt, wie ehrlich sich viele Menschen öffneten, wie ungeschminkt sie ihre persönliche Perspektive, ihre Familiengeschichte oder gar ihr eigenes Erleben schilderten. Es schrieben Menschen, die die Zeit des Nationalsozialismus selbst erlebten, es schrieben Menschen aus der Kinder- und der Enkelgeneration, auch junge Leute im Alter meiner Kinder. Es schrieben auch Menschen, die sich mit dem Erbe der DDR auseinandersetzten und dazu Anknüpfungspunkte in meiner Familiengeschichte fanden. Manche wandten sich an mich, weil meine Fragen ihren eigenen Fragen an ihre Eltern und Großeltern entsprachen. Manche schrieben, weil sie diese Fragen ein Leben lang in sich spürten – manche, weil sie von ihrem persönlichen und familiären Erbe erzählen wollten.

Alle machten deutlich: Unter die Geschichte lässt sich kein Schlussstrich ziehen und jede Generation muss sich mit ihr auseinandersetzen. Wir stehen heute an einem besonderen Wendepunkt, weil in wenigen Jahren die letzten Zeitzeugen des Nationalsozialismus verschwunden sein werden. Wie wollen wir in Zukunft die Erinnerung an diese Zeit gestalten und insbesondere mit ihren Prägungen in den Familien umgehen?

Kein Mensch hat sich die Zeit der eigenen Geburt, den Ort und die Familie ausgesucht, ebenso wenig seine körperliche und seelische Grundausstattung. Niemand hat das verdient, niemand hat das verschuldet. Wir geraten in das politische und soziale Rahmenprogramm unseres Daseins und werden Teil unserer Geschichte, noch ehe wir sie selbst mitgestalten können. Und unsere eigene Geschichte knüpft immer an die Geschichte der Vorherigen an. Die Geschichte ist immer auch ein Erbe, das der Mensch nicht ausschlagen kann. Sie ist wie ein Gepäckstück. Jemand, den wir nicht darum gebeten haben, hat einen Rucksack vor unserer Tür abgelegt. Die eigenen Erlebnisse und die Familiengeschichte als Rucksack – das ist ein Bild, das meinen Gesprächspartnern passend schien und das sie ohne Umschweife tief in ihre Erinnerungen einsteigen ließ. Es ist unmöglich, diesen Rucksack nicht zur Kenntnis zu nehmen. Wer sich einredet, der Rucksack stünde nicht vor seiner Tür, hat den Blick auf die Wirklichkeit verloren.

In diesem Rucksack gibt es die leichter zugänglichen und offenen Fächer. Die Inhalte sind mehr oder weniger sortiert und aufgeräumt, jedenfalls sind sie allgemein be-

kannt. Es ist das, was in die Lehrpläne der Schulen ein-
geflossen, Teil der öffentlichen Aufarbeitung und Erinnerungskultur geworden ist, und das, was wir in Museen,
bei Gedenkstätten und an Mahnmalen lernen. Geschichte
ist aber auch familiäres Erbe, die Realität unserer eigenen
Vorfahren. Es ist das, was unsere Angehörigen einst tatsächlich erlebt, erlitten, getan haben, es ist ihr persönli-
cher, individueller Anteil am großen Ganzen. Auch das
befindet sich im Rucksack, verpackt und verborgen, solan-
ge wir es nicht ans Tageslicht befördern. Oft verschwin-
det der Rucksack aus dem Blickfeld, über den Inhalt wird
nicht gesprochen, das Erlebte wird verdrängt.

Dies entspricht der Erfahrung einer Leserin, die sich
an mich wandte, aber ihren Namen nicht in diesem Buch
veröffentlicht sehen wollte. Die Begegnung mit ihr ist eine
der zwölf Begegnungen, von denen in diesem Buch die
Rede ist. Uns verbinden viele Gemeinsamkeiten, nicht
zuletzt dasselbe Alter. Jedoch gibt es schmerzliche Unter-
schiede: Sie weiß nichts über die Geschichte ihrer Eltern,
nichts über die politischen Einstellungen, Haltungen und
Handlungen ihrer Vorfahren. Sie wuchs mit ihren Geschwistern in materieller Sicherheit auf, empfindet jedoch
seit ihrer frühesten Jugend einen tiefen Mangel. Sie spürt
eine Leerstelle dort, wo eigentlich ein Gefühl familiärer
Zugehörigkeit und familiärer Identität sein sollte. Die Le-
bensleistung der Eltern erfüllte die Tochter nicht etwa mit
Stolz, sondern mit vagem Misstrauen. Mutter und Vater
gaben weder Auskunft über das, was sie beschäftigte, noch
darüber, womit sie sich jemals beschäftigt hatten. Das Leben der Familie lässt sich in Einnahmen und Ausgaben
auf den Tag genau beziffern. Jede Ausgabe, ob es die An-
schaffung eines Fernsehers oder das Taschengeld, ob es
monatliche Zahlungen, den Kauf von Schulheften oder

die Besorgung von Lebensmittel betraf, wurde notiert. Entscheidendes aber blieb unbekannt und unbenannt.

Was war der Grund für diese Sprachlosigkeit zwischen den Generationen? Was war der Grund für die Abschottung der Eltern, die die Kommunikation mit der Außenwelt auf das Mindestmaß reduzierten? So bereitet der Tochter das ansehnliche materielle Erbe, das ihr nach dem Tod der Eltern zufiel, heute noch Unbehagen und erzeugt geradezu ein schlechtes Gewissen. Das Unausgesprochene bot viel Raum für Fantasie, für bedrückende Mutmaßungen und allerlei Interpretationen. Hatten die Eltern Schlimmes erlebt oder selbst Leid verursacht? Die Tochter will es mit ihren Kindern anders machen, sie will offen und zugewandt sein, zuhören und sich austauschen. Nur so entsteht ihrer Ansicht nach das Gefühl zusammenzugehören, ein Gefühl für die eigene Familie. Das Bedürfnis nach Identität soll aber auch eine äußere Form besitzen: Ganz bewusst entschied sie sich dafür, ihren Geburtsnamen als Familiennamen weiter zu führen, und kämpfte dafür, dass auch das Pflegekind, das als Baby in die Familie kam, nun diesen gemeinsamen Namen erhielt. Den Namen ihrer Herkunftsfamilie, deren Geschichte sie bis heute vor Rätsel stellt. Sie sagt: „Da gibt es einen Rucksack, aber ich weiß nicht, was drinsteckt. Ich weiß noch nicht einmal, wie groß und wie schwer er ist. Ich habe über dieses Kapitel, das zu meiner Person und damit auch zu meinen Kindern gehört, nichts zu sagen. Das beschäftigt mich." Es ist eine Lücke, die sie als schwere Last empfindet. Erst nach dem Tod der Eltern erfuhr sie, dass sie nahe Verwandte hatte. Als sie das ererbte Haus ihrer Eltern entrümpeln musste, stieß sie in einer Kiste auf Schriftstücke. Darin auf die Existenz von Cousins und Cousinen, die denselben Familiennamen tragen. Sie hofft nun, dass sie über die neugewonnenen Verwandten mehr über ihre eigene Geschichte erfahren kann. Ansonsten müsste sie den unbekannten Rucksack weitervererben. „Das wäre schlimm", sagt sie.

Die Erzählungen, die mich erreichten, sind wertvoll, so wertvoll wie das Gesicht, wie der persönliche Finger- und Fußabdruck jedes Einzelnen. Sie sind wertvoll, weil sie der Behauptung widersprechen, die Zeit des Nationalsozialismus sei in der Geschichte so marginal wie die Hinterlassenschaft von Federvieh. Die mir anvertrauten Erzählungen zeigen, wie stark diese Zeit noch immer nachhallt. Ihrer zunehmenden Relativierung müssen wir auch deshalb entschieden entgegentreten. Ja mehr noch: Diese Zeit entwickelt gerade in den einzelnen Lebensgeschichten und in vielen Familien Echoräume, parallel zur offiziellen Erinnerungskultur, parallel zur wichtigen Aufarbeitung in Forschung und Lehre, parallel zur notwendigen Präsentation im öffentlichen Raum. Die Menschen, die sich an mich wendeten, signalisieren klar: Die Echoräume kann man ebenso wenig auslagern wie die Frage nach den Zwängen, nach der persönlichen Verantwortung, den Spielräumen, den Träumen, den Irrtümern, und die Frage nach der Schuld. Die allgemeine geschichtliche Aufarbeitung kann die Frage nach der eigenen Rolle beziehungsweise der Rolle der engen Angehörigen nicht ersetzen. Die Antworten sind so individuell wie die Menschen selbst, die mir davon erzählten und die mir ihre eigene Geschichte für dieses Buch anvertrauten.

Ich erzähle die mir anvertrauten Geschichten aus der Perspektive meiner Gesprächspartner. Nicht immer entsprechen sie der Geschichtsschreibung, weil sie sich aus den persönlichen Erinnerungen, Erfahrungen und Überlieferungen vieler Menschen zusammensetzen, sie sind auch in diesem Sinne Familiengeschichten.

Der Rucksack familiärer Erinnerung muss nicht nur eine Last sein. Wer ihn kennt und schultert, trägt oft auch Proviant mit sich. Unsere Chance besteht darin, die Lehren der Vergangenheit für die Gegenwart und Zukunft fruchtbar zu machen. Wer die Lasten der Vergangenheit leugnet, bringt sich selbst und auch seine Nachfahren um diesen Proviant. Wir benötigen nicht weniger, sondern mehr Auseinandersetzung mit der Vergangenheit. Dann können wir, wenn es nötig ist, hoffentlich besser freie und mutige Entscheidungen für uns und die Menschen um uns herum treffen. Auch dazu sollen die folgenden Geschichten beitragen.

„Da ist der Tod meines Vaters wie ein Staubkorn der Geschichte"
Dorothea Johst

Wie sollte ich dieser Frau begegnen? Als Enkelin des Mannes, der verantwortlich war für den Tod ihres Vaters? Den Besuch bei Dorothea Johst trete ich mit großer Unsicherheit an. Bei ihr lerne ich viel über den Umgang mit Geschichte und besonders mit der Geschichte der eigenen Familie.

Das Wohnzimmerfenster im 13. Stockwerk des Plattenbaus bietet ein grandioses Panorama über den Dächern Erfurts. Dorothea Johst wohnt in der Nähe der Ringstraße, die die prächtige Altstadt im Osten und Süden umschließt und die den Verlauf der Stadtmauer um die erste Jahrtausendwende abbildet. Sie ist nach dem sowjetischen Kosmonauten Juri Gagarin benannt, der als erster Mensch im Weltraum die Erde umrundete. Vor der Wende waren nicht nur in Erfurt, sondern auch in etlichen anderen Städten der DDR Straßen, Kindergärten und Schulen nach dem jung verunglückten, populären Juri Gagarin benannt und verschiedene Denkmäler ihm zu Ehren errichtet worden.

Als ehemalige Bürgerin der DDR ordnet Dorothea Johst diese Art der ostdeutschen Heldenverehrung ins politische und ideologische Konzept hinter dem Eisernen Vorhang ein. Dies alles berichtet sie ausführlich und immer lächelnd. Sie wirkt abgeklärt in der Fülle ihres Wissens. Geradezu gelassen angesichts der unterschiedlichen politischen Systeme, die sie zum Teil selbst erlebt hat, angesichts der Irrungen und Wirrungen, in die Menschen hineingeraten und die Zeugen und Protagonisten dessen werden, was wir später als Geschichte bezeichnen. Dies ist umso bemerkenswerter, da sie einen ganz speziellen Rucksack schultert: Ihre eigene Familiengeschichte, die den wenigsten bekannt ist, ist aufs Engste mit einem prägnanten Datum und damit mit meiner eigenen Familiengeschichte verwoben: Ihr Vater kam am 20. Juli 1944 im Führerhauptquartier Wolfsschanze ums Leben. Mein Großvater trägt für den Tod dieses Mannes die Verantwortung, ebenso wie für den Tod von drei weiteren Männern: So starben auch Oberst Heinz Brandt am 21. Juli, Generaloberst Günther Korten am 22. Juli und General Rudolf Schmundt, der Chefadjutant der Wehrmacht bei Adolf Hitler, am 1. Oktober 1944 an den Folgen ihrer schweren Verletzungen.

Heinrich Berger, Dorotheas Vater, war der Stenograf, das erste und einzige zivile Opfer des Anschlags. Die vier Männer wurden von jenem Sprengsatz getötet, der eigentlich Adolf Hitler hätte umbringen sollen. Mein Großvater hatte ihn schon mehrfach im Gepäck dabeigehabt, wenn er an Besprechungen mit Adolf Hitler teilgenommen hatte. Mehrfach wurde die Aktion verschoben, da ursprünglich auch Göring und Himmler hätten Ziel des Anschlags sein sollen. Am 20. Juli sollte es, ungeachtet möglicher Einwände und ungeachtet der Abwesenheit von Göring und Himmler, geschehen. Die Zeit drängte, Verhaftungen im Kreis der Freunde bereiteten große Sorge, dass die Umsturzplanungen auffliegen könnten. Die Tötung Hitlers war die Voraussetzung für den Umsturz, um das Ende nationalsozialistischer Herrschaft herbeizuführen. Der Plan war: Stauffenberg, der Einzige aus dem Kreis der Verschwörer, der zu diesem Zeitpunkt das Attentat auf Hitler ausführen konnte, sollte den Sprengsatz deponieren, unter einem Vorwand den Raum verlassen und so schnell wie möglich nach Berlin zurückfliegen, denn für die Umsetzung der Staatsstreich-Pläne, für die „Operation Walküre", war seine Anwesenheit und damit sein Überleben notwendig. Nun war er also von Berlin aus an diesem heißen Sommertag zur Lagebesprechung ins Führerhauptquartier Wolfsschanze in Ostpreußen angereist und hatte den Sprengsatz in einer Aktentasche unter dem Besprechungstisch in der Lagebaracke abgestellt.

Heinrich Berger hatte als Stenograf im Raum anwesend zu sein. Er galt in seiner Zunft als einer der Besten des Landes und war seit 1942 zur Tätigkeit im Führerhauptquartier dienstverpflichtet worden. Die Stenografen waren damals von Hitler selbst vereidigt und zur absoluten Verschwiegenheit verpflichtet worden. Sie hatten zusichern müssen, keine Notizen oder Protokoll-Abschriften zum persönlichen Gebrauch anzufertigen. Die Stenografen des Stenografischen Dienstes wurden meist in Zweierteams eingeteilt, da die Tätigkeit sehr anstrengend war und höchste Konzentration erforderte. Heinrich Berger arbeitete in erster Linie mit seinem Kollegen und Freund Heinz Buchholz zusammen. Sie wechselten sich im Halbstundentakt ab, so wurde es Dorothea erzählt.

„In Berchtesgaden war mein Vater schon mehrmals gewesen. In der Wolfsschanze am Tag seines Todes war er allerdings zum ersten Mal im Einsatz", sagt Dorothea Johst. Kurz vorher war er aus dem Urlaub zurückgekehrt, hatte „der Mutti" noch aus der Wolfsschanze geschrieben, dass ihn der tiefe Friede in Oberschlesien beeindruckt habe. Von dieser Reise besitzt die Tochter ein Fotoalbum, in dem ihre Eltern, ihr neun Jahre alter Bruder Wolfgang, ihre sechsjährige Schwester Brigitta und sie, die kleine zweijährige Dorothea auf den Schultern von „Vati" zu sehen sind. Vergnügte Gesichter, ausgelassene Stimmung, eine fröhliche junge Familie. Es sind die einzigen Fotos, auf denen sie gemeihsam mit ihrem Vater abgebildet ist. Für sie sind diese Bilder umso wertvoller, als sie sich an diese Ferien nicht erinnert. Sie hat gar keine bewusste Erinnerung an ihren Vater.

Am 20. Juli 1944 befanden sich zur Mittagszeit 24 Personen in der Lagebaracke in der Wolfsschanze. Heinrich Berger hatte an der Querseite des massiven Tisches Platz genommen, um seinen Dienst zu verrichten. Damit hielt er sich zum Zeitpunkt der Detonation in unmittelbarer Nähe des Sprengsatzes auf. Oberst Brandt hatte wohl kurz vorher die Aktentasche umgestellt, weg aus Hitlers Nähe, weg von der Mitte, hin ans Ende des Tisches, jenseits massiver Stützen, nachdem mein Großvater den Raum verlassen hatte. Damit hatte Brandt – ohne es zu wissen – Hitlers Leben gerettet und seinen eigenen Tod besiegelt. Die Explosion traf die vier Männer, die sich um das Tischende herum aufhielten, mit voller Wucht. Dorotheas Vater wurden beide Beine abgerissen, er hatte ja in direkter Nähe gesessen. Sein Kollege Heinz Buchholz, der am anderen Ende des Tisches auf seinen Einsatz gewartet hatte, kletterte nach der Detonation aus dem nächstgelegenen Fenster, um durch ein anderes zu seinem Kollegen zu gelangen und diesen aus der verwüsteten Baracke zu ziehen. Heinrich Berger drohte zu verbluten. Wenige Stunden später erlag er seinen schweren Verletzungen.

„Für meine Mutter war das natürlich sehr schwer, aber sie hat es für sich – auch mit Hilfe ihres Glaubens so geklärt: Ihr Heinrich ist ums Leben gekommen, wie so viele an der Front. So hat sie das gesehen. Und so sehe ich das auch. Prinzipiell war das Attentat auf Hitler doch notwendig, da waren wir uns einig", sagt Dorothea Johst und fügt hinzu: „Der Krieg hat ja so viel Leid überall gebracht, Familien auseinandergerissen, Väter und Söhne getötet; Flucht aus der Heimat, Vertreibung – nicht nur für die Deutschen, sondern auch in den ‚eroberten‘ Ländern; Massenerschießungen, Gefangenschaft, Vernichtung in den Konzentrationslagern ... Da ist der Tod meines Vaters wie ein Staubkorn der Geschichte, nur zufällig an exponiertem Ort."

Der Tyrannenmord am 20. Juli 1944 war gescheitert. Nicht der Tyrann war an diesem Tag gestorben, sondern ein 39-jähriger Familienvater, der nie in die NSDAP eingetreten war und mit Stenografie seine fünfköpfige Familie ernährte.

Ein Leser meines Buches und eine Freundin hatten mich unabhängig voneinander auf Dorothea Johst und auf ihr Interview über das Schicksal ihres Vaters aufmerksam gemacht. Dieses hatten sie in einem evangelischen Wochenmagazin gelesen, das mir wiederum die Kontaktaufnahme zu Dorothea Johst per Post ermöglichte. Bereits nach drei Tagen erhielt ich eine herzliche Antwort-Mail aus Erfurt, in der sie in einem Satz ihre Haltung zu Geschichte und Gegenwart beschreibt: „Der besondere Tod meines Vaters hat auch mein politisches Denken und Handeln geprägt." Jeder, der Dorothea Johst begegnet, wird diesen Satz bestätigen. An anderer Stelle schrieb sie: „Aus diesen zwölf Jahren absoluter Schreckensherrschaft des Nationalsozialismus haben viele Deutsche nichts gelernt. Es ist mir unbegreiflich, wie dieser Geist wieder neu gesellschaftsfähig werden konnte. Das macht mir große Sorge." Beigefügt waren Fotos vom Grab der Eltern Dorothea Johsts, um dessen Pflege sich die Tochter, die sich schon als Schülerin darum gekümmert hatte, seit vielen

Jahrzehnten sorgt, und die heute vom Heimatverein Cottbus-Ströbitz getragen wird. Die Jahreszahlen auf dem abgebildeten Grabstein trafen mich im Augenblick des Betrachtens plötzlich und ungeahnt empfindlich, obwohl ich das Todesdatum Heinrich Bergers doch längst kannte.

Bisher war es jedoch ein ganz und gar theoretisches Wissen gewesen. Wie aber konnte ich mit dieser theoretischen Erkenntnis wirklich ehrlich umgehen? Nun standen die Ziffern da, weiße Buchstaben in Stein gemeißelt: 20.7.1944. Ein schwerer Granitstein, ein echtes Grab. Dieses Datum ist nicht nur in meiner Wahrnehmung untrennbar mit der Tat, dem Namen und dem Tod meines Großvaters verknüpft. Sinnbildlich steht das prominente und öffentlichkeitswirksame Dreigespann „Datum, Name, Tat" oftmals für den Widerstand gegen Hitler und die nationalsozialistische Schreckensherrschaft insgesamt. Es wird vielfach überladen, geradezu überfrachtet mit unterschiedlichsten Gefühlen, die sich von Verehrung zu Ablehnung, von Bewunderung zu Missachtung erstrecken können. Es unterliegt unterschiedlichsten Deutungen und muss auch für politische Instrumentalisierung herhalten. Größte Aufmerksamkeit ist ihm gewiss und es wird bis heute immer wieder heftig über diesen Tag, diese Tat und meinen Großvater diskutiert. All das vereinfacht, reduziert und unterschlägt Wichtiges: Es unterschlägt nicht nur die lange Vorgeschichte, die vielen gescheiterten Versuche vor dem 20. Juli 1944, die vielen Beteiligten, die ihr Leben riskierten und verloren, die äußerst komplexen Vorbereitungen und das fein gewobene Netzwerk der Verschwörung, es unterschlägt auch diejenigen, die direkt dem Anschlag vom 20. Juli 1944 erlegen waren und deren Tod in erster Linie mein Großvater verschuldet hatte: Heinrich Berger, Heinz Brandt, Günther

Korten und Rudolf Schmundt. Diejenigen, die zufällig anwesend waren.

Mein Großvater und seine Mitstreiter hatten beschlossen, dieses Risiko, nämlich den Tod von zufällig anwesenden Menschen, in Kauf zu nehmen, weil kein anderer Weg mehr offen stand. Es gab ein Ringen um diese Entscheidung; dies belegen Tagebucheinträge und Abschiedsbriefe. Es gab Verschwörer, die aus Gewissensgründen diesen Gewaltakt ablehnten. Es gab andere, die keine andere Möglichkeit als die eines Sprengstoffanschlags mit solch weitreichenden Konsequenzen sahen, um das weitere mörderische Treiben der Nationalsozialisten zu verhindern. Sie alle aber wussten, dass sie sich für die Folgen ihres Tuns würden verantworten müssen. Dass sie Schuld auf sich luden, wenn sie nicht handelten, und dass sie womöglich schuldig werden würden, wenn sie handelten und damit auch ungewollte und unvorhersehbare Konsequenzen auslösten. Meine Großmutter hatte wohl dies alles im Sinn, wenn sie sagte: „Für meinen Mann war es vielleicht besser, den 20. Juli 1944 nicht überleben zu müssen. Wie hätte er damit leben können?"

Dorothea Johst sagt, und ich kann spüren, wie sehr dieser Satz meinen, den Stauffenberg'schen Rucksack entlastet: „Ich würde Ihren Großvater nie als Mörder meines Vaters bezeichnen, wenn auch der ein oder andere aus dem weiteren Familienkreis es so gesehen haben mag."

Die Umstände seines Todes sind bis heute immer wieder Thema in der Familie Heinrich Bergers. Für seinen Sohn Wolfgang sei der Verlust damals besonders traumatisch gewesen, erzählt seine Schwester. Nicht nur konnte er sich als Neunjähriger am besten an seinen Vater erinnern. Er fühlte sich zudem als „einziger Mann im Haus" für seine Mutter verantwortlich und war doch für diese

Verantwortung viel zu jung. Für ihn bedeutete der 20. Juli 1944 das Ende einer glücklichen Kindheit und der Beginn einer schwierigen Situation. Dafür machte er Stauffenberg verantwortlich. „Am schmerzlichsten war für uns alle immer wieder, wenn auch auf unterschiedliche Weise, dass mein Vater als Opfer dieses prominenten Tages nicht wahrgenommen wurde."

Dorothea spricht offen darüber, wie ungerecht man das in der Familie empfand. Darüber zu sprechen, nimmt ihr eine Last von den Schultern. „Ja", sagt sie „es erleichtert meinen Rucksack, wenn sich Menschen für meinen Vater und unsere Familiengeschichte neben all der Prominenz rund um den 20. Juli 1944 interessieren. Kaum einer macht sich doch Gedanken über die tragischen Konsequenzen des missglückten Tyrannenmordes. So, als habe mein Vater irgendwie diesen Tod verdient", sagt Dorothea Johst. Sie empört sich darüber, dass manch einer Heinrich Berger zu einem überzeugten Nationalsozialisten stilisiert, zu einem systemtreuen Hitler-Anhänger, der durch seine Tätigkeit als Stenograf nicht nur zum Mitwisser, sondern auch zu einem verantwortlichen Mittäter geworden sei. Dabei schwingt ungesagt die Unterstellung mit, es habe am 20. Juli 1944 zumindest nicht die Falschen getroffen. Dabei passt ihr Vater nicht in das Schema, das sich für einen strammen, überzeugten Nationalsozialisten eignen würde. Eher spiegelt sein Leben exemplarisch die Schwierigkeit wider, in einem totalitären Staat ein Auskommen für sich und die Familie zu finden, das Dilemma, in dem sich jeder befand, der zwischen Anpassung und den Versuchen lavierte, sich ideologischer Vereinnahmung zu entziehen.

Heinrich Berger wurde am 29. Januar 1905 als Sohn eines Zollsekretärs in Berlin geboren. Schon als Schüler entwickelte er eine Leidenschaft für Stenografie. Mit 17 Jahren bestand er die Lehrerprüfung für das Stenografiesystem Stolze-Schrey. Heinrich Berger brachte es zu großer Kunstfertigkeit und Schnelligkeit, er gehörte bereits in den 1920er Jahren zu den besten Stenografen des Landes und gewann in dieser Disziplin in den 1930er Jahren mehrere Wettbewerbe. Wie sehr die Kurzschrift sein Leben prägte, erkennt seine Tochter an manch kleinen Details: Im Nachlass befindet sich ein eindrucksvolles Dokument: ein Blatt Papier in der Größe einer Briefmarke, auf dem mit spitzem Bleistift akkurate, winzige Schriftzeichen zu sehen sind. Den Text hatte Heinrich mit der Lupe geschrieben. Nur der Fachkundige kann entziffern, dass hier Friedrich Schillers Gedicht „Das Lied von der Glocke" im Miniaturformat, in voller Gänze niedergeschrieben steht. 1926, noch während des Studiums, bewarb sich Heinrich Berger als Stenograf im Preußischen Landtag; später war er im Reichstag tätig. Auch nach der Machtergreifung der Nationalsozialisten 1933 protokollierte er die Sitzungen des Parlaments, das nach der Ausschaltung der oppositionellen Parteien beziehungsweise nach dem Ermächtigungsgesetz den Namen Volksvertretung nicht mehr verdiente. „Zu Beginn war er als nichtbeamtete Hilfskraft eingestellt und ist dann irgendwann verbeamtet worden, aber ich weiß nicht, in welchem Jahr", sagt Dorothea Johst. Ihr zehn Jahre älterer Cousin erinnerte sich später daran, wie der Onkel zu einem Familientreffen erschienen sei und dass sich die eindrucksvolle Uniform für höhere Beamte in sein Gedächtnis eingegraben hat.

Dass Heinrich Berger seinen Lebensunterhalt mit Stenografie verdienen würde, war nicht geplant. Nach dem Abitur hatte er das Studium der Rechtswissenschaft an der Friedrich-Wilhelms-Universität in Berlin, der heutigen

Humboldt-Universität, aufgenommen. „Meine Großeltern waren nicht vermögend, aber meinem Großvater war es trotz dieser finanziellen Kraftanstrengung wichtig, dass sein Sohn studieren konnte. Mein Vater hat sich zudem sein Studium durch die Stenografie verdient", sagt Dorothea Johst. Im Jahr 1932 promovierte er zum Thema „Ehrenwort". „Meine Mutter hat uns erzählt, dass unser Vater den Doktortitel nach Hitlers Machtergreifung nicht mehr führen durfte. Man habe ihm die Doktorwürde wegen der vielen alttestamentarischen Bezüge in seiner Arbeit aberkannt, weil das nicht ins antisemitische Weltbild der Nationalsozialisten gepasst habe." So gibt Dorothea Johst die Familienüberlieferung weiter. Der Vater habe, so berichtete es die Mutter ihren Kindern, 1933 spätestens nach dem Ermächtigungsgesetz im März entschieden, sich nicht in den Dienst nationalsozialistischer Gesetzgebung stellen und als Jurist arbeiten zu wollen. Auch wollte er auf keinen Fall in die NSDAP eintreten. „Anders als viele Berufskollegen meines Vaters im Stenographischen Dienst war er bis zum Schluss kein Partei-Mitglied und hatte auch keinen militärischen Rang, weder in der Wehrmacht noch in der SS. Das hätte der christlichen Überzeugung meiner Eltern widersprochen", betont Dorothea Johst.

Hertha und Heinrich Berger gehörten der katholisch-apostolischen Gemeinde in Berlin-Süd mit über 1500 Mitgliedern an. Diese Gemeinschaft war Mitte des 19. Jahrhunderts in England aus einer Erweckungsbewegung entstanden, in Erwartung der nahenden zweiten Ankunft Jesu. Diese Bewegung hatte sich auf Deutschland ausgeweitet. Dorotheas Großeltern waren tief im Glaubensleben der katholisch-apostolischen Kirche verwurzelt; am Sonntag besuchte man vormittags und nachmittags den Gottesdienst, man hielt Hausandachten und pflegte eine intensive Gemeinschaft mit den anderen Mitgliedern. So lernten sich Heinrich und die drei Jahre jüngere Hertha in der Berliner Gemeinde kennen und lieben. „Besonders die Familie meiner Mutter hat mich geprägt. Dort pflegt man bis heute einen starken Zusammenhalt", sagt Dorothea Johst. „Vielleicht liegt es auch daran, dass mein Großvater mütterlicherseits seit 1945 bei uns in Cottbus lebte und uns vor allem in Glaubensfragen ein großes Vorbild war", fügt sie hinzu. Großvater Matthes Smalla war Schneidermeister und hatte seit dem Jahr 1900 in Berlin-Kreuzberg eine Schneiderwerkstatt geführt. „Meine Großmutter, die sehr fleißig und wohl ziemlich streng war, starb abgearbeitet 1936", erzählt ihre Enkelin, die sie nur aus Überlieferungen kennt. Nach dem Krieg zog der Großvater nach Cottbus, um seiner verwitweten Tochter zur Seite zu stehen und sie mit den Kindern zu unterstützen. Auch in Cottbus war der über 70-Jährige als Schneider tätig und arbeitete Uniformen für die Offiziere der sowjetischen Besatzungsarmee nach individuellen Wünschen um. Dorotheas Mutter, die eine Ausbildung zur Buchhalterin absolviert hatte, hatte ihm immer schon nebenbei die Bücher geführt. Bis zu ihrer Heirat war sie in der Firma „Electrola" tätig gewesen, einem Musiklabel, das im Jahr 1925 seine Schallplattenlizenz erhalten hatte. In dieser Zeit vertiefte sich die Liebe zur Musik, eine Leidenschaft, die später die ganze Familie teilte, wie auch die Liebe zur Literatur. „Wie es sich eben in einer bildungsbürgerlichen Familie gehörte", sagt Dorothea Johst.

Die junge Familie Heinrich Bergers lebte zunächst in Berlin-Lankwitz, wo alle drei Kinder geboren worden waren. Dorothea erblickte am 3. Februar 1942 das Licht der Welt. 1943 zogen die Bergers wegen der bedrohlichen Luftangriffe auf die Reichshauptstadt an den Stadtrand von Cottbus, nach Ströbitz, zur Cousine des Großvaters. Besonders für Heinrich scheint dies ein Zufluchtsort zu seiner protokollarischen Tätigkeit im Zentrum der Macht gewesen zu sein, zu der er seit 1942 verpflichtet worden war. Dorothea Johst erinnert sich: „Meine Mutter erzählte, dass er oft sehr bedrückt nach Hause kam und sich zurückgezogen hatte. Er versuchte, die Familie und uns Kinder diese Bedrückung nicht spüren zu lassen." Die Mutter, so erzählt Dorothea Johst, habe ein Staatsbegräbnis für ihren Mann verweigert, nachdem dieser an Stelle Hitlers am 20. Juli 1944 ums Leben gekommen war. Er wurde in Cottbus-Ströbitz, also an dem Ort beerdigt, in dem die Familie im Krieg Zuflucht gefunden hatte. „Das war auch ein Grund, warum es für sie auch später nie zur Debatte stand, Cottbus und damit die DDR zu verlassen. Sie wollte immer in der Nähe ihres Heinrich bleiben."

Dorotheas eigene Erinnerungen setzen erst am Ende des Krieges ein. Da hatten sie ihr Domizil bei den Verwandten bereits verlassen. Hertha Berger, frisch verwitwet, zog mit ihren drei Kindern in die Nähe des Militärflughafens. Dorothea, damals drei Jahre alt, erinnert sich an den häufigen Fliegeralarm, daran, dass sich die Familie mit den anderen Hausbewohnern ängstlich bangend im Keller zusammenfand. Der nahe gelegene Flughafen stellte ein wichtiges strategisches Ziel für Bombenangriffe dar, so dass es der jungen Mutter auch hier zu gefährlich wurde. Sie floh für einige Tage zu einer anderen Cousine des Großvaters nach Werben im Spreewald. Dort erlebten die Bergers das Kriegsende und den Einmarsch der sowjetischen Truppen. Bereits nach einigen Tagen kehrte die kleine Familie zurück nach Cottbus, in dem große Teile der Stadt durch Luftangriffe zerstört worden waren. Das Haus, in dem Bergers wohnten, stand noch an seinem Platz, die Fenster allerdings waren allesamt zerbrochen. Dorothea Johst hat noch die Bilder ihrer Ankunft im Kopf: „Im Wohnzimmer lagen kniehoch überall die Scherben, gemischt mit den vielen Büchern, die vorher in den Schränken standen, alles durchwühlt." Die frühen Erlebnisse verfolgten sie noch viele Jahre. Besonders die Bombenangriffe suchten sie in den Nächten heim: „Oft habe ich mich als Kleinste nicht zuerst ins Bett getraut, weil ich von Feuer und Massakern geträumt habe, die sich ins Unterbewusstsein gegraben haben."

Cottbus ist das Zuhause ihrer Kindheit. Hier ging Dorothea zur Schule. Inspiriert durch das Vorbild von Mutter und Großvater entwickelte das junge Mädchen ein starkes Gottvertrauen, das – wie sie sagt – ihren Weg bis heute prägt. Weil Mutter Hertha immer berufstätig war und als Lohnbuchhalterin zunächst in einer Schnapsfabrik und später bei den Stadtwerken arbeitete, verbrachte Dorothea viel Zeit mit ihrem Großvater. Er hatte seinen Arbeitsplatz in der Cottbuser Wohnung, in seinem Schlafzimmer im Erdgeschoss. Er saß im Schneidersitz auf dem Nähtisch oder an seiner elektrischen Nähmaschine – mit all den notwendigen Utensilien um ihn herum. Er arbeitete unermüdlich, auch, als er kaum mehr laufen konnte. „Das Haus verließ er sowieso nicht mehr, nur noch zum Kirchgang. Da habe ich ihn dann die letzten zwei Jahre gestützt", erzählt seine Enkelin.

Neben ihrem Glauben reizten Dorothea immer auch die Naturwissenschaften, besonders die Biologie. Nach dem Abitur im Jahr 1960 hätte sie am liebsten Theologie oder Pflanzenzucht studiert. Zunächst wollte sie aber eine zweijährige Gärtnerlehre beim Rat der Stadt – Abteilung Grünwesen – absolvieren, um mehr praktische Kenntnisse im Gartenbau zu erlernen. Dieser schloss sich ein Fachschulstudium in Quedlinburg an. Das Studium bestand aus einem Jahr Forschung und einem Jahr Züchtung von Pflanzen. Als frisch gebackene „Landwirtschaftlich-technische Assistentin" bewarb sie sich im September 1964 in Erfurt, dem Ort, in dem sie heute verwurzelt und beheimatet ist – auf eine Weise, als wäre Dorotheas Familie schon seit Jahrhunderten hier ansässig. Sie arbeitete zuerst in der Abteilung „Gemüsezüchtung im VEG Saatzucht Zierpflanzen", später in der Handelsabteilung „Blumenzwiebeln und -knollen".

Die 1960er Jahre hielten auch wichtige private Einschnitte in Dorotheas Leben bereit: Ihre Tochter wurde im Jahr 1966, ihr Sohn 1969 geboren. Ihr Ehemann Stefan war bulgarischer Staatsbürger. Sie heirateten 1967. Leider, wie sie rückblickend sagt, scheiterte diese Ehe. 1986 heiratete Dorothea erneut. Den Familiennamen ihres zweiten Mannes trägt sie auch nach der Scheidung noch heute. Dorothea ist glücklich, dass sich die Familienbande zu ihrem ersten Mann nach der Wende, nach 15-jähriger Funkstille, wiederbelebt und sich erneut Nähe aufgebaut hatte. „Ich hätte ihn gerne ein zweites Mal geheiratet", sagt Dorothea. „Er aber mochte nicht." Ein kurzer Satz, lapidar. Er spiegelt Dorotheas Fähigkeit wider, sich trotz hoffnungsvoller Perspektiven mit unabänderlichen Dingen des Lebens abzufinden. 2005 erkrankte Stefan schwer an Krebs. Dorothea und ihre Kinder standen ihm zur Seite und begleiteten ihn bis zum Tod im Jahr 2009.

Als die Kinder klein waren, wurden sie von einer „Pflegemutti" betreut. Denn Dorothea blieb, wie dies in der DDR durchaus üblich war, immer voll berufstätig, auch nach der Wende bis zum Jahr 2001. Ihre beruflichen Aufgaben waren von Beginn an herausfordernd und vielfältig. „Da ich mich in Betriebswirtschaft nicht auskannte, absolvierte ich Anfang der 1970er Jahre in der Abendschule die Ausbildung zum ‚Großhandelskaufmann‘." Ein Fernstudium wurde ihr dagegen nicht genehmigt. Grund dafür war, dass sie nicht der SED angehörte. Sie wechselte 1979 in die Abteilung Saatgutproduktion des in „VEB Erfurter Blumensamen" umbenannten Betriebs. Hier war sie zuständig für das Vertragswesen zwischen den Firmen, den LPGs, den großen Landwirtschaftlichen Produktionsgenossenschaften, und den privaten Anbauern von Gemüse- und Blumensamen. „Ich hatte zwischenzeitlich über 2000 Kunden zu betreuen, musste mich um alles Mögliche, um Qualitätskontrollen, die Bereitstellung des Saatgutes, die Warenablieferung und anderes kümmern." Im gesamten Kombinat wurden die wichtigsten Handelsprozesse über ein zentrales EDV-System bearbeitet. Dazu wurde ein betriebseigenes Computer-Programm entwickelt. „Und dann organisierte der Betrieb", fügt sie leise lachend hinzu, „aus dem Westen Computer, es waren wohl Schneider-PCs, was natürlich nicht ‚offiziell‘ war. Aber die waren ja auch nicht das Gelbe vom Ei, wie wir das später, nach der Wende, gemerkt haben." Über die Kombination von hochprofessionellen Abläufen einerseits und improvisierten Notlösungen in den Großbetrieben der DDR andererseits amüsiert sich Dorothea Johst noch heute; als hätte sie nicht selbst in der Enge dieses politischen Kontrollsystems gesteckt und als hätte sie nicht manches Mal unter den Restriktionen geseufzt.

Seit über fünf Jahrzehnten lebt Dorothea Johst nun in Erfurt. Sie kennt jeden Winkel der Stadt, die sie am liebsten mit dem Fotoapparat durchstreift und in der sie die Hälfte der entgegenkommenden Passanten persönlich grüßt. Die zweifache Großmutter engagierte sich von Beginn an in der evangelischen Andreasgemeinde, war 24 Jahre im Kirchenvorstand, singt in zwei Kirchenchören und leistet regelmäßig Dienst als Aufsicht in der „Offenen Kirche". Hier steht sie zur Verfügung, wenn Besucher mehr über „ihre" Kirche wissen wollen, sei es über die Geschichte des gotischen Baus, sei es über die Aktivitäten der Gemeinde, sei es über Glaubensfragen oder Bibelinhalte.

Bis zum Tod ihrer Mutter fuhr sie mindestens einmal im Monat nach Cottbus, um nach dem Rechten zu sehen, im Haushalt zu helfen und nicht zuletzt Halma zu spielen. „Nicht nur in politischer Hinsicht war die Wende eine Erleichterung für uns, auch aus restauratorischen Gesichtspunkten ein Glück für Städte wie Erfurt", sagt Dorothea Johst. „Aber auch in kleinen Dingen gab es Entspannung. Meine Mutter bekam erstmals eine Witwenrente." Entsprechend ihres geringen Verdienstes hatte Dorotheas Mutter zu DDR-Zeiten nur die Mindestrente bekommen. Deshalb arbeitete sie bis zu ihrem 68. Lebensjahr als Buchhalterin. Zuletzt berechnete sie im evangelischen Kirchenbüro die Kirchensteuern, die nicht über den Staat eingezogen, sondern von den Kirchenämtern selbst mit Hilfe freiwilliger Angaben erhoben wurden. Oftmals fuhr Hertha Berger mit dem Zug oder dem Bus in umliegende Dörfer, um die monatlichen Gebühren zu kassieren.

Nach einem schweren Schlaganfall verstarb Hertha Berger mit 84 Jahren. Auf dem Grabstein ist der Todestag eingemeißelt: 2.4.1993. Es ist ein vertrautes Datum. Am zweiten April, allerdings 13 Jahre später, starb auch Nina Gräfin Stauffenberg, meine Großmutter. Das mag ein seltsamer Zufall sein angesichts der Tatsache, dass das andere, viel bekanntere Datum, der 20. Juli 1944, die Ehemänner beider Frauen auf schicksalhafte Weise verbindet. Es hätte ein hoffnungsvoller Tag für Deutschland sein sollen.

Zunächst aber wurden an diesem Tag viele Hoffnungen begraben. Hoffnungen auf ein Ende der Verbrechen, auf ein Ende des Krieges. Es war nicht nur ein tragischer Tag für Heinrich Berger und seine Familie sowie die Familien der drei anderen Anschlagsopfer. Es war auch ein tragischer Tag für die vielen anderen Beteiligten des Umsturzversuchs und ihre Angehörigen.

Beim Abschied aus Erfurt sagt Dorothea ein großes Wort; sie spricht es ganz plötzlich aus und es schwebt noch eine Weile im Raum; in der Diele ihrer Wohnung im Plattenbau, direkt neben der imposanten Orgelpfeife, die an der Wand hängt und die vieles symbolisiert, was Dorothea wichtig ist. Sie sagt „Versöhnung". Es ist ein großes, mächtiges Wort mit einer erstaunlich sanften Wirkung. Die Rucksäcke sind viel leichter geworden. Auch das sagt Dorothea Johst. Und dafür bin ich dankbar.

„Die Geschehnisse wirken weiter.
Es ist nie vorbei"
Niko

Der Rucksack ist nicht nur ein Sinnbild für das persönliche geschichtliche Erbe, sondern manchmal auch ein ganz reales Gepäckstück. So ist es bei Niko. Den Rucksack, mit dem er sich als Neunjähriger auf eine jahrelange Flucht begeben musste, trägt er bis heute.

Niko, heute 85 Jahre alt, ein in seiner Fachrichtung anerkannter Naturwissenschaftler, gibt seinen Rucksack seit Jahrzehnten nicht aus der Hand. Er hatte ihn, grau, zerschlissen, mit dünnen Lederriemen, sein ganzes Leben immer bei sich. Ob in den Ferien, am Schreibtisch oder im Labor, ob europaweit auf wissenschaftlichen Tagungen oder während verschiedenster wissenschaftlicher Vorträge, ob im Restaurant, auf dem Fahrrad, im Konzert, im Supermarkt oder im Krankenhaus. In diesem Rucksack verwahrt Niko alles Wichtige: Lebensmittel, Arzneimittel, Dokumente, Forschungsarbeiten, die Doktorarbeit und die Habilitationsschrift. Niko hatte als Kind erfahren, wie schnell der Mensch auf seine bloße Existenz zurückgeworfen werden kann, dass zum Überleben reichen muss, was man mit sich zu tragen in der Lage ist.

Seine Frau kann ihren Mann bis zu einem gewissen Maß verstehen. Sie hatte selbst als Kleinkind im Juli 1945 die Vertreibung aus ihrem Zuhause im nordböhmischen Neugarten erlebt. Sie kann sich an die verstörende Ohnmacht der Erwachsenen an diesem Tag erinnern. Daran, wie sie selbst mit Mutter und Schwester, wie alle sudetendeutschen Bewohner des Ortes unter Gewaltandrohung gezwungen wurden, innerhalb weniger Stunden aufzubrechen. Der erschöpfende Fußmarsch und die Übergriffe der begleitenden Milizen sind ihr bis heute gegenwärtig. Sie besitzt noch das Ausweisungsdekret des tschechischen Nationalausschusses in Neugarten, das die Konfiszierung des gesamten Eigentums und das Datum der Vertreibung dokumentiert. Sie beschreibt dieses Ereignis als „Bruch", als „Abgrund", der ihr „böhmisches Lebensstümpfchen" von ihr selbst und ihrem Leben danach abtrennte. Nachdem sie viele Jahre regelmäßig ihre – wie sie sie nennt – „Kleinkinderheimat" und die Heimatorte ihrer Vorfahren im heutigen Tschechien besuchte, konnte sich eine Brücke über den empfundenen Abgrund bilden. Sie beschäftigte sich intensiv mit ihrer eigenen Herkunft, ihrer Identität, ebenso mit der Geschichte Böhmens. Die Kindheit, die von der gewaltsamen Geschichte des 20. Jahrhunderts geprägt war, bleibt präsent.

In letzter Zeit sprechen Niko und seine Frau viel über die Entwicklungen, die zum NS-Regime führten, über die Zeit des Krieges und die schweren Zeiten danach. Beide haben die grausamen Folgen nationalistischer Ideologie erlebt. Sie sehen mit Besorgnis das Erstarken nationalistischer Tendenzen in Europa und des Rechtsradikalismus in Deutschland und fragen sich immer wieder: „Was hat unsere Gesellschaft eigentlich aus der Geschichte gelernt? Wie werden wir heute unserer Verantwortung gerecht?"

Nach Jahrzehnten will Niko zum ersten Mal seine eigene Geschichte schriftlich niederlegen. Während die Coronakrise das Ehepaar in die Abgeschiedenheit bannt, nutzt er die Zeit und diktiert die Fakten in fast atemlosem Stakkato:

Die Mutter, seine hochschwangere Cousine, die fünfjährige Schwester und der neunjährige Niko brachen, kurz nach Weihnachten des Jahres 1944, aus dem oberschlesischen Gleiwitz, dem heute polnischen Gliwice, auf. Die russische Front war näher gerückt, und vor allem die Frauen fürchteten die Soldaten, denen ein übler Ruf vorauseilte. Die Mutter hatte vorgesorgt und längst das Nötigste – Personalausweis, Geld, Nahrungsmittel – eingepackt, auch in Nikos Rucksack. Als sich mitten in der Nacht der Schlüssel im Schloss der Haustür drehte, schien der Abschied nur vorübergehend zu sein. Bis zur Rückkehr wollte die Familie bei Verwandten in Böhmen Unterschlupf finden. Was die vier nicht ahnen konnten: Eine jahrelange Odyssee begann. Sie nahm ihren Anfang in einem überladenen, von sowjetischen Stellungen beschossenen Zug.

Erste Station war ein abgelegener, mit Flüchtlingen überfüllter Berggasthof im Heuscheuergebirge, dem heutigen Góry Stołowe. Den knappen Proviant ergänzte Niko damals mit drei Forellen, die er verbotenerweise durch ein Eisloch aus einem zugefrorenen Teich gefischt hatte. Es war ein Festessen, „das letzte in Schlesien", sagt Niko. Die Versorgung „seiner Frauen" sah er seitdem als eine seiner Aufgaben an.

Nach Tagen in den verschneiten Bergen ging es weiter: Kälte, Hunger, Durst, Müdigkeit, Warten und die Angst, die Cousine könnte im Nirgendwo niederkommen. Die nächste Station, der ersehnte Unterschlupf bei den Verwandten im böhmischen Städtchen Deutsch Kralup (Kralupy u Chomutova), schien Sicherheit und ein gewisses Maß an Normalität zu bieten. Hier kam das Kind der Cousine zur Welt. Niko besorgte dem kleinen Neffen täglich frische Ziegenmilch. Hier ging Niko sogar zur Schule, wo er noch in den letzten Wochen vor Kriegsende über Hitlers politischen Aufstieg unterrichtet wurde und vom „siegreichen Deutschen Reich" hörte. Zur selben Zeit standen Lazarettzüge im Bahnhof, beladen mit verwundeten Soldaten. Die Mutter durfte nicht erfahren, dass sich Niko dort herumtrieb. Er wurde Zeuge, als die Waggons, gekennzeichnet mit großen, weithin sichtbaren roten Kreuzen, von Tieffliegern bombardiert wurden. Die Schreie der Menschen, die aus den verschlossenen Waggons drangen, hat Niko heute noch im Ohr.

Mit dem Kriegsende im Mai 1945 wurden die deutschen Verwaltungen durch tschechische Nationalausschüsse ersetzt. Berichte über Gräueltaten, Todesurteile und Vertreibungen der deutschen Bevölkerung machten die Runde. Eines Tages wurde auch Nikos Familie von tschechischen Milizen abgeholt und zur Zwangsarbeit auf ein Landgut im innerböhmischen Koleč verschleppt. Dort wurden die fünf in einer Steinbaracke untergebracht, ausgestattet mit Kohleherd, Tisch, Bank, zwei Stühlen und vier Strohsäcken. Die Cousine hielt die Unterkunft und die Wäsche sauber, sie versorgte ihr Kind und Nikos kleine Schwester. Die Mutter, einst als Direktrice in einem Geschäft für Bekleidung, Stoffe und Modeberatung tätig, musste nun Kühe melken, eine umfangreiche Hühnerschar und eine Schweineherde versorgen. Sie zweigte stets etwas von den Kartoffeln des Schweinefutters ab, als Nahrung für sich selbst und ihren Sohn. Nikos Aufgabe war, die Mutter zu unterstützen und die Schweine zu hüten. Er lernte schnell, wo er für seine Familie Essbares auftreiben konnte. Er organisierte Karotten, Futterrüben, Eier und einmal aus der Speisekammer des Bauern sogar eine Speckseite – ein besonders kostbares Nahrungsmittel bei all den kräftezehrenden Entbehrungen. Mut und schlechtes Gewissen hielten sich die Waage. Er fand sich aber doch im Recht dazu und war stolz, einen Beitrag zum Überleben geleistet zu haben. „Nur die Kuhmilch für das Baby war offiziell", sagt Niko.

„Seine Frauen" waren ohne Zuversicht, von dort fortzukommen. Niko aber fand, dass es ihnen doch ganz gut ging, auch wenn ihn manch ein Junge aus dem Dorf als „deutschen Hund" beschimpfte und Schläge verpasste. Trotz der Feindseligkeit, mit der die viele Tschechen den Deutschen begegneten, gab es in Koleč auch Menschen, die den Zwangsarbeitern gegenüber freundlich und hilfsbereit auftraten. Dazu gehörte das ortsansässige Förster-Ehepaar. Niko durfte aus ihrem Brunnen Wasser schöpfen, eine für ihn ungewohnte Arbeit. „Fließendes Wasser aus der Leitung: Diese Zeiten waren vorbei", sagt Niko. Mehrmals am Tag senkte er den leeren Zinkeimer in den Brunnen, um den vollen Eimer heimzutragen. „Heim?", die Frage schwebt im Raum.

An Weihnachten des Jahres 1945 beschenkte die Frau des ortsansässigen Försters die Familie mit einem Streuselkuchen. Ein tschechischer Kuchen für eine deutsche Familie, was für eine ungeahnte Freude, die Niko nicht vergisst. Ebenso unvergesslich ist Niko die halbe Gans mit Klößen, die die Nachbarin zum Weihnachtsfest brachte. Das Gericht war Nikos Lohn für sein Schweigen. Er war Zeuge der verbotenen Gans-Beschaffung geworden.

Zu Beginn des Jahres 1946 musste die Familie erneut umziehen, diesmal ins Arbeitslager Dubí bei Kladno. In Dubí hatte zwischen 1942 und 1943 ein Außenlager des nationalsozialistischen Konzentrationslagers Theresienstadt existiert. Dort waren überwiegend jüdische Gefangene untergebracht worden, die im Bergwerk arbeiten mussten. Dubí, wie auch weitere bestehende Konzentrationslager der nationalsozialistischen Besatzer, wurde nach

Kriegsende durch die tschechoslowakische Regierung genutzt. Untersuchungshäftlinge, Kriegsgefangene, Flüchtlinge wie Nikos Familie und vor allem Sudetendeutsche, die nach dem Potsdamer Abkommen am 2. August 1945 – in dem die Zwangsumsiedlung von Millionen Deutschen beschlossen wurde – noch im Land waren, wurden in Internierungs-, Sammel- und Arbeitslager gesperrt. Unter katastrophalen hygienischen Bedingungen hausten die Menschen in Baracken; oft besaßen sie nicht mehr als die zerschlissene Kleidung, die sie am Leib trugen. Viele starben an Hunger, Kälte und Krankheiten. Es ist bis heute unklar, wie viele tausend Menschen ihr Leben nach 1945 in den tschechischen Lagern fristeten und wie viele ihr Leben dort verloren. „Die Vertreibung und Enteignung der Sudetendeutschen und alle anderen Verbrechen in diesem Zusammenhang stellen ein tragisches Ende dar. Das Ende eines gemeinsamen, jahrhundertelangen Weges zweier Volksgruppen. Sie sind das Schlusskapitel eines langen Prozesses. Das vorletzte waren die nationalsozialistischen Verbrechen. Zuletzt bestimmten wiederum Hass, Rache und Gewaltexzesse gegen die deutsche Bevölkerung den Gang der Ereignisse. Die waren übrigens vielfach inszeniert, und die ansässige tschechische Bevölkerung war oft kaum daran beteiligt", sagt Niko. „Das Traurige ist zu sehen", fügt er hinzu, „wozu nationalistische Tendenzen führen und welche entsetzliche Spirale der Eskalation sie auslösen können."

Niko beschreibt das Lager in Dubí, den Ort, an dem er eineinhalb Jahre verbrachte, so: „Ein trostloser Platz, ein hoher Zaun rundherum, mit Stacheldraht bekränzt, irgendwo dazwischen ein Wachturm, kein Baum, kein Strauch, kein Grün, je nachdem gefroren, schlammig oder staubig, Holzbaracken für uns Gefangene, Steinba-

racken für die Lagerverwaltung und das Wachpersonal ...
Ein Ort für etwa 2000 Menschen, Männer, überwiegend
alte, Frauen, Kinder, Säuglinge ..." 30 Menschen etwa
waren jeweils in einem circa 30 Quadratmeter großen
Raum mit Stockbetten untergebracht. Ein Bett musste
für mehrere Personen reichen. Im Winter war der Raum
nicht beheizt. Läuse und Flöhe plagten, Seuchen wie
Typhus, Ruhr und Tuberkulose wüteten. „Dubí, das ist
Sterben jeden Tag, das sind viele Tote auf einen Flachwa-
gen geworfen, darunter Kinder und Säuglinge, aus dem
Lager gekarrt, in eine Grube geschüttet, mit ein bisschen
Erde bedeckt, jeden Tag", erinnert sich Niko. Auch er erkrankte an der Ruhr. Die Mutter ermahnte ihn zu schweigen, denn die Sanitätsbaracke verließ kaum einer lebend.

Täglich, bei jedem Wetter, zu jeder Jahreszeit, mussten
sich die Kinder einige Kilometer zur Unterweisung nach
Lidice schleppen. Dieser Ort war von deutschen Sicherheitskräften im Juni 1942 dem Erdboden gleichgemacht
worden. Man hatte alle männlichen Bewohner von Lidice ermordet, die Frauen und Kinder getrennt, zumeist in
Konzentrationslager verschleppt, und einige dort vergast.

All dies war eine brutale Vergeltungsmaßnahme nach
dem Attentat auf Reinhard Heydrich, dem stellvertreten-
den Reichsprotektor in Böhmen und Mähren während der
deutschen Okkupation der Tschechoslowakei. Wegen seiner Brutalität wurde Heydrich von der Bevölkerung auch
als „Schlächter von Prag" betitelt.

Nun also sollten Niko und die anderen Kinder des Lagers die Lehren aus den Verbrechen nationalsozialistischer
Herrschaft ziehen: „Da standen wir dann und schauten.
Die Unterweisungen versickerten in Hunger und Mattig-
keit, schafften einen Panzer namens Gleichgültigkeit und
prallten ab daran."

Der Alltag im Lager selbst sah so aus: Die Mutter war täglich in der Wäscherei für die Lagerverwaltung tätig, eine harte, Kräfte zehrende Arbeit. Niko versorgte unter Anleitung seiner Cousine die kleine Schwester und den Neffen. Zudem musste er auf die Habseligkeiten der Familie achtgeben. Die freie Zeit, die ihm seine Cousine gewährte, nutzte er dazu, Essbares aufzutreiben, soweit das im Lager möglich war. Die wässrige Suppe aus Kartoffelschalen und die zugeteilten Brotrationen reichten für viele Lagerinsassen zum Überleben nicht aus. Viele, vor allem kleine Kinder, verhungerten. Essbares zu beschaffen, war lebensgefährlich. Ein Mitgefangener, der auch aus Gleiwitz stammte und im nahe gelegenen Bergwerk arbeiten musste, überließ Niko einen Teil seiner Sonderration Reis. Dieser musste dann den Behälter, den der Bekannte, vom Wachpersonal unbemerkt, vor dem Zaun abgestellt hatte, vorsichtig durch den Zaun manövrieren und ins Lager bringen. Wenn beide bei diesen Aktionen entdeckt worden wären, hätten schwere Prügelstrafen gedroht, die nicht selten zum Tod führten. Der Reis, den die Cousine für ihr Baby vorkauen musste, sicherte das Überleben der beiden Jüngsten.

„Dubí", sagt Niko, und jeder Buchstabe hängt groß und einzeln in der Luft, „das ist eine Atmosphäre, die mit sichtbaren und unsichtbaren Klauen das ganze Dasein fest umklammerte, die Tag für Tag den Menschen wie lähmendes Gift durchsetzte. Und doch gab es in meinem Umkreis in diesem Lager auch Menschen, starke Menschen, die, wie Boten aus einer anderen Welt, Licht ins Dunkel brachten, die mit ihren Mitteln Trost und Hoffnung spendeten, Zeichen setzten gegen Verzweiflung, Apathie, Aussichtslosigkeit, Gleichgültigkeit, Angst, Verrohung und die bedrückende Lageratmosphäre."

Niko erinnert sich an den Mann, der an Weihnachten 1946 mit seiner Geige gegen all das Elend anspielte: „So groß, wirklich heilig, es brachte den Alten Tränen in die Augen und frohe Erinnerungen in den Blick." Er erzählt auch von zwei Frauen, jüdische Damen aus Köln, die wohl schon Jahre im Konzentrationslager hinter sich hatten. Sie durften die Kinder unterrichten. Mit ihnen sprach Niko deutsch, unsicher, denn er wusste nicht, was geschehen würde, wenn die Lagerfunktionäre davon erfuhren. „Ihr dürft doch eure Muttersprache nicht vergessen, auch nicht eure Dichter. Das Leben wird nach alldem hier doch weitergehen", sagten die Lehrerinnen. Und so übten die Kinder Rechtschreibung, schrieben mit Bleistiftresten auf dem freien Rand alter Zeitungen und lernten Gedichte auswendig. Adalbert Chamissos „Das Riesenspielzeug" kann Niko heute noch rezitieren, er sagt: „Wir Kinder lernten Deutsch und Gedichte in einer Umgebung, wo das Sterben wahrscheinlicher war als das Überleben."

Durch eine glückliche Fügung überlebten alle fünf die Gefangenschaft in diesem Schreckensort. Nur diejenigen, und das waren sehr wenige, die Verwandte im Sudetenland angeben konnten, konnten im Sommer 1947 das Lager verlassen. Wieder standen die fünf auf Bahnhöfen, voller Angst, voller Hoffnung, mit den wenigen Habseligkeiten, die in Nikos Rucksack passten. Die Verwandten, bei denen die fünf Gleiwitzer zu Beginn untergeschlüpft waren, waren inzwischen aus Deutsch Kralup vertrieben worden. Dort wurde Nikos Familie von der tschechischen Verwaltung in einer leerstehenden Wohnung einquartiert. Die Mutter musste wieder Arbeitsdienst leisten, diesmal Bahnschwellen verlegen, und Niko war auf der Suche nach Essbarem. „Das war eine schwierige Angelegenheit, selbst bei geringfügigem Mundraub musste man mit lebensgefährlichen Prügeln rechnen. Und die Behörden schritten dabei nicht ein", so erzählt Niko. Nach einigen Monaten wurde die Familie in die sowjetisch besetzte Zone gebracht. „Schlesien stand mittlerweile unter polnischer Verwaltung, eine Rückkehr war nicht möglich, wollten wir auch nicht."

Zweieinhalb Jahre hatten die Zwangsaufenthalte und das Umherirren in der tschechoslowakischen Republik gedauert. Die Odyssee ging im Nachkriegsdeutschland weiter, mit dem Rucksack als verlässlichem Begleiter. „Deutschland war zerschlagen und verwüstet, willkommen waren wir dort nicht, fremd im eigenen Volk, ‚Rucksackdeutsche' halt, unsere neue Nationalität, ein Wort mit dem Geschmack nach allen Facetten des Unerwünschtseins", so Niko. Viermal wurde der Rucksack ein- und wieder ausgepackt, von Auffanglager zu Auffanglager, von einer Bleibe außerhalb der Lager zur anderen. 1951 konnte sich die Familie in Nordrhein-Westfalen endlich eine neue Existenz aufbauen: „Wir waren angekommen, keine Bahnhöfe mehr, keine Ungewissheit mehr über die Bleibe, keine Angst mehr. Wir sind in Sicherheit. Wir sind zur Ruhe gekommen. Alles endlich vorbei!", so dachte Niko damals. Heute weiß er: „Die Geschehnisse wirken weiter, unbewusst, formen Verhaltens- und Reaktionsmuster. Bleiben verborgen, aber melden sich dann, wenn belastende Situationen das individuelle Maß überschreiten, in unkalkulierbaren Reaktionen. Es ist nie vorbei!"

Der Rucksack blieb und bleibt immer dabei. Auch heute steht er griffbereit in Nikos Wohnung. Seit einigen Jahren ist es ein moderneres Modell, das das alte Bündel ersetzte, aber nach wie vor alles Nötige in sich birgt. So ist Nikos Rucksack ein Gegenstand des Überlebens, ein Gegenstand einer lebenslänglichen Bürde. Sinnbild der

Rettung, Sinnbild einer nicht endenden Reise, Sinnbild einer jederzeit möglichen eintretenden Katastrophe.

„Meine Rucksäcke sind alle verbrannt, was zählt, habe ich hier"
Ursula Bräuning

Lesen und schreiben ist nicht harmlos und wirkungslos. Worte und Gedanken können den Machthabern gefährlich werden und sie können Menschen durch schwere Zeiten tragen. Beides hat Ursula Bräuning am eigenen Leib erfahren.

Ein handgeschriebener Brief, eine gut leserliche Handschrift, Füller, gewählte Worte auf einem festen Papier. Ein Brief, der an alte Zeiten erinnert. Etwas Besonderes. Heute erhält man selten solche Post, vor allem wenn sie von einem unbekannten Absender stammt. Ursel Bräuning besitzt keinen Computer. Wenn ihr etwas wichtig ist, schreibt sie, und dann eben mit der Hand. Und jetzt war es ihr wichtig, Kontakt mit mir aufzunehmen. Der 20. Juli 1944 hatte sie immer wieder beschäftigt, da verschiedene Zufälle sie damals in die Nähe der historischen Ereignisse gespült hatten. Weil uns auch heute keine große Entfernung trennt und mir ihre erfrischenden Schilderungen Lust machten, mehr vom einstigen „Lehrmädchen der Uniform-Maßschneiderei Petschke, Potsdamer, Ecke Bülowstraße" zu erfahren, treffen wir uns in ihrer Wohnung. So sitzt mir nun Ursel Bräuning gegenüber, geistreich, temperamentvoll, liebenswürdig.

Wimpernschlag. Das ist das Wort, an das ich immerzu denke, während ich dieser Frau gegenübersitze. 91 Jahre sind ein Wimpernschlag der Weltgeschichte. Wenn aber ein Mensch 91 Jahre alt wird, spricht man von einem langen Leben, von hohem Alter. So sagt auch Ursel von sich, dass sie auf ein langes bewegtes Leben zurückblickt und dass – so sei das nun mal bei alten Leuten – das ein oder andere lästige Zipperlein ihren Alltag beschwert. Und dennoch, auch hier scheint nur ein Wimpernschlag diese Frau von ihrer Jugend zu trennen; die Augen blitzen, die Haare leuchten feuerrot, Grübchen graben sich in die Wangen. Fast 50 Jahre in Bayern haben weder ein Münchner Kindl aus ihr gemacht, noch der Schnoddrigkeit der „Arbeiterjöre" aus dem Berliner Wedding etwas anhaben können.

Ursels Leben manifestiert sich in langen Reihen von Büchern, die sich an den Wänden ihrer Wohnung in einem Münchner Vorort erstrecken. Sie zeugen nicht nur von den Interessen, die sie in der 63-jährigen Ehe mit ihrem Mann, dem Dichter, Autor und Journalisten Herbert Bräuning, geteilt hat, sondern auch von den vielen schreibenden Wegbegleitern, von ihrer fürsorgenden Freundschaft zu Autoren, die Ursel kennengelernt und in unterschiedlichen Tätigkeiten begleitet hat. Sie zeugen auch davon, wie Ursel die Gegenwart bewältigt, und davon, dass sich Geistiges, Gedachtes und in Sprache Übersetztes besser in die Zukunft transportieren lässt als Materielles, das plötzlich zerstört werden kann.

Ursel Bräuning hat die Wucht dramatischer Zeiten zu spüren bekommen. Sie hat die Verheerungen des Zweiten Weltkrieges vor der Haustür gesehen und sie selbst erlebt. Sie hat beschlossen, „eijentlich als janz kleener Zwerg", den äußeren und inneren Verwüstungen der Umgebung ihre Zuversicht entgegenzusetzen.

Ursel meint, sie habe diese Zuversicht vom Vater, Erwin Weiher, geerbt. Ein Arbeiter aus dem Wedding, ungelernt zwar, aber ein praktischer Alleskönner. Ihre Begeisterung fürs Lesen hatte sie auch vom Vater übernommen; die Mutter, Johanna, las nicht. Kaum hatte Ursel die ersten Buchstaben gelernt, hatte sie schon die Zeitungen vor der Nase, blieben die Puppen und anderes Spielzeug liegen, versenkte sie sich in ihre Bücher. Der Vater baute ihr Regale und freute sich an ihrer Begeisterung fürs Geschriebene, das auch er liebte.

Politisch habe der Vater nichts mit den Nazis am Hut gehabt, anders der Onkel, der Bruder der Mutter, der als Lehrer natürlich auch Parteimitglied gewesen sei. Für den Beruf des Vaters war das nicht nötig gewesen. Er hatte, bevor er in den Krieg ziehen musste, in einem Beerdigungsinstitut gearbeitet, vor allem als Chauffeur. Dort wurde er nicht behelligt, von den Nazis nicht, und von den Toten schon gar nicht. In solchen Zeiten ist diese Tätigkeit ideal. Trotzdem war der Vater dem Leben immer zugewandt geblieben. Ursel erinnert sich an schöne Ausflüge an den Liepnitzsee in ihrer frühen Kindheit, sogar als sie noch gar nicht schwimmen konnte. Ihr Vater hatte es selbst nie gelernt. Sie erinnert sich an das Paddelboot, das ihr der Großvater gebaut hatte und an dem in goldenen Lettern „Ursula" prangte. An das schillernde Wasser, die rauschenden Bäume, die duftenden Wiesen.

Ursel fragt sich heute, wie sie eigentlich bei den wenigen, gelegentlichen Schulstunden im Krieg zu ihrer Bildung gekommen ist. „Die Volksschulen haben wir jewechselt wie andre Leute die Unterhemden. Jedes Mal, wenn wir aus dem Luftschutzkeller jekommen sind, war es wieder eene wenjer." Sie erinnert sich an die einzige jüdische Mitschülerin ihrer Klasse, Rita Pollack, an dieses kleine, zarte Mädchen aus ärmlichen Verhältnissen. Die Eltern hatten ein bescheidenes „Posamentier-Lädchen", ein Geschäft für Nähbedarf in der Reinickendorfer Straße. Ursel erinnert sich noch genau, wie alle Schüler in der Aula zusammengetrommelt wurden, wenn Hitlers Rundfunkansprachen anstanden. Wie Fräulein Radtke, die stramm nationalsozialistisch gesinnte Lehrerin, mit überschnappender Stimme Rita anschrie, die Ansprache des Führers dürfe nicht durch die Anwesenheit eines Juden entehrt werden. „Und dann ham se die arme Rita rausjeschickt." Das kann Ursel nicht vergessen. Sie fand es schon damals ungerecht. Über das Ausmaß der Verbrechen, der Behandlung der Juden aber habe sie nichts gewusst, auch nicht nachgedacht, das erfasste sie erst später nach und nach. „Ick war so jung und dämlich", sagt sie heute.

1942 war mit der Schule endgültig Schluss. Der Vater war im Krieg und nun galt es, dass das Mädel einen Beruf erlernte. So zogen dann Mutter und Tochter los, um eine Lehrstelle für das Kind zu finden. In der Uniform-Maßschneiderei Petschke an der Potsdamer-, Ecke Bülowstraße wurden sie fündig. Ausgerechnet. Schneidern und „so'n praktisches Jefummel" sind ihre Sache nicht. Später hat ihr Mann lieber selbst seine Knöpfe angenäht. Damals, in jenen Zeiten, konnte man sich die Ausbildung aber nicht aussuchen.

Dann wurde die Wohnung von Ursels Familie in einem großen Berliner Mietshaus bei einem Luftangriff am 23. November 1943 komplett zerstört, die Familie hatte nichts anderes mehr als das, was sie am Leib trug und einen kleinen Koffer, den die Mutter gepackt hatte. Nach dem Angriff wagte sich der Vater, der gerade den ersten Tag Urlaub hatte, aus dem Luftschutzkeller, begutachtete den Schaden und meinte lapidar zu den im Keller Hockenden: „Die vom Hinterhaus können zurück, die vom Vorderhaus eher nicht." Der Heimaturlaub des Vaters, in dem er sich und seine Familie auf die blanke Existenz zurückgeworfen sah, endete im provisorischen Lager im Weddinger Kinderkrankenhaus, in dem ausgebombte Berliner untergebracht wurden. Von dort musste er wieder in den Krieg an die Ostfront ziehen.

Herr Petschke, Ursels Chef, hatte Mutter und Tochter eine Bleibe angeboten: sein Wochenendhäuschen, eine Gartenlaube im Süden von Berlin, in Rangsdorf. Einerseits hatten sie einen Unterschlupf, andererseits musste Ursel nun quer durch die zunehmend zerstörte Stadt zur Lehrstelle gelangen. Die Mutter, die nicht die Zuversicht und den Mut ihres Mannes und ihrer Tochter teilte, blieb zuhause und kümmerte sich um das Nötigste. Wenn der Bombenalarm ertönte, drohte sie, verzweifelt und weinend auf dem Bett in der Gartenlaube sitzend, die Nerven zu verlieren. „Nu heul doch nich, dit nützt ja nu ooch nüscht", sagte Ursel dann zu ihr. So war dann dieses „Knusperhäuschen", das keinen schützenden Keller besaß, für mehrere Jahre ihre Bleibe. Es bestand aus einem Raum mit Veranda, einer kleinen Küche und einer schmalen Etage unterm Dach. Als Petschkes selbst im Laufe des Kriegs ihre Firma durch Bomben verloren, zogen auch sie dort ein. Nun war in jedem Kabuff eine Familie – „keene Ahnung, wie wir uns da reinjewurschtelt haben". Ursels Mutter aber hatte für alle Mitbewohner immer einen Eintopf auf dem Herd.

Ursel war ganz nah dran an den Schauplätzen deutscher Geschichte. Lag doch Petschkes Geschäft in direkter Nähe zum Bendlerblock, dem Sitz des Oberkommandos des Heeres. Hier arbeiteten die, die sich ihre Uniformen bei Herrn Petschke schneidern ließen. Man fertigte aber nur für die höheren Ränge an. Der Bendlerblock war zudem Zentrum des militärischen Widerstands und der

Schauplatz des Scheiterns des Staatsstreichs am 20. Juli 1944. „Der Oberst Stauffenberg hätte eijentlich ooch bei uns reinspaziern könn'n." Im Zusammenhang mit dem gescheiterten Umsturzversuch erinnert sich Ursel nicht etwa an die Nachrichten aus dem Volksempfänger oder an irgendwelche Gespräche von Erwachsenen. Sie erinnert sich an das Auftragsbuch, das sie beim Bombenalarm mit in den Luftschutzkeller nehmen musste und aus dem nun so manche Bestellungen ausgebucht werden mussten, weil verschiedene Maßanfertigungen nicht mehr ausgeführt wurden oder im Laden hängen blieben. Ursel sieht noch die Namen wie „von Hase" und „Goerdeler" vor sich, obwohl Letzterer dort keine Uniform, sondern einen Anzug bestellt hatte. „War ja een Ziviler." Paul von Hase und Carl Friedrich Goerdeler wurden beide wegen ihrer Beteiligung am Umsturzversuch vom 20. Juli 1944 inhaftiert und hingerichtet. Viele Kunden sollten nun keine Gelegenheit mehr haben, ihre Aufträge zu bezahlen, geschweige denn abzuholen. Sie verschwanden aus den Auftragsbüchern der Uniformmaßschneiderei Petschke so, wie sie von der Bildfläche insgesamt verschwanden. Als 16-Jährige wusste Ursel das alles nicht. „Was alles hätte verhindert werden können!" Ursel seufzt. „Die Verbrechen, der Krieg, all das Schreckliche wären zu Ende gewesen."

Das Unrecht, das den Widerstandskämpfern von den Nationalsozialisten angetan wurde, beschäftigt Ursel heute. Damals dachte sie darüber nicht nach. Es galt zu überleben, den Tag zu bewältigen und der Verzagtheit der Mutter das eigene Vertrauen entgegenzusetzen.

Nicht nur durch die Arbeit in der Schneiderei geriet Ursel Bräuning in die Nähe der Geschehnisse des 20. Juli, sondern auch durch die Lage ihrer provisorischen Wohnung. Ganz in der Nähe zur Gartenlaube lag der Fliegerhorst Rangsdorf, wo Oberst Graf Stauffenberg auf dem Rückweg vom ostpreußischen Führerhauptquartier Wolfsschanze am Nachmittag des 20. Juli 1944 gelandet war. Dort hatte er versucht, Hitler mit einem Sprengstoffanschlag zu töten, um den Nationalsozialisten die Macht zu entreißen. Erst später, als Ursel mehr über die Vorkommnisse erfährt, wird sie das Gefühl der unmittelbaren physischen Nähe zu den dramatischen Ereignissen am 20. Juli 1944 nicht mehr loslassen. Es ist ein Gefühl, das wohl der Selbstwahrnehmung vieler Deutschen entsprach. Die Empfindung von weiten Teilen der Gesellschaft, die sich nach dem Krieg die Katastrophen im Namen des deutschen Volkes erklären mussten. Ein Gefühl, zwar anwesend, aber unbeteiligt gewesen zu sein. Da, aber nicht dabei.

Als die Rote Armee Rangsdorf einnahm, wohnten Ursel und ihre Mutter immer noch in der Gartenlaube. Petschkes waren verschwunden. Wohin, weiß Ursel nicht mehr. Mutter und Tochter wurden von den sowjetischen Besatzern abkommandiert, den Fliegerhorst aufzuräumen, den die Deutschen überstürzt verlassen hatten. Sie besitzt heute noch die Arbeitskarte. Das alles sei nicht angenehm gewesen, nein, das Aufräumen nicht und die Russen auch nicht. Alles ziemlich, sie seufzt, ... na ja. Als sie das sagt, zeigt sie auf ein Buch in ihrem Regal, „Anonyma. Eine Frau in Berlin", der erschütternde Bericht der deutschen Journalistin Marta Hillers über massenhafte sexuelle Gewalt durch Rotarmisten an deutschen Frauen im Berlin der ersten Nachkriegsmonate. Sie zögert kurz. Das war schon so, damals, mehr will sie dazu nicht sagen. Jetzt mussten die Deutschen eben die Suppe auslöffeln, die sie den Russen im Krieg eingebrockt hatten. So sieht es Ursel.

Der Vater galt als verschollen, bis er 1947 plötzlich aus sowjetischer Kriegsgefangenschaft heimkehrte. Mehr tot als lebendig, aber „wir haben ihn wieder hinjekriegt". Heimkehr? Ein Heim gab es ja nun nicht mehr. Auf jeden Fall würde er nicht in der Sowjetischen Besatzungszone seine Zelte aufschlagen wollen. „Dat mit den Sowjets hat ihm in der Kriegsjefangenschaft dann schon jereicht", sagt Ursel. Er meldete seinen Wohnsitz bei seiner Mutter im Wedding in der französischen Zone an, hielt sich aber meist bei seiner Familie in der Rangsdorfer Gartenlaube auf. Damals bemerkte das niemand, im Nachkriegschaos konnte man sich in Berlin frei bewegen.

Zum Glück konnte Ursel Bräuning nach dem Krieg ihre frühe Leidenschaft zum Beruf machen: Worte, Texte, Bücher. Durch Vermittlung eines Bekannten – „Ursel, Du liest doch gern" – kam sie zum Verlag Volk und Welt. Dieser war 1947 in der Sowjetischen Besatzungszone gegründet worden. Gearbeitet wurde im Hochparterre in der Taubenstraße, die Stockwerke darüber waren „janz schön luftig", also zerstört. Literaten, die es in der Emigration in alle Welt verschlagen hatte, kamen aus dem Exil zurück und fanden zu dem Verlag, der in der DDR für die internationale Belletristik Bedeutung erlangte. Ursel ist hier Bertolt Brecht begegnet, seine Frau Helene Weigel nennt sie kurz „Heli". Auch der Verlagsleiter Michael Tschesno-Hell, dessen Chefsekretärin Ursel wurde, war aus der Emigration zurückgekehrt. Er wollte schriftstellerisch an einem neuen, sozialistischen Deutschland mitbauen, wie auch Herbert Bräuning, ein junger Poet und Übersetzer. Dieser hatte dem westlichen Deutschland aus politischer Überzeugung den Rücken gekehrt. Er ertrug es nicht, „die Nazis von gestern", die junge Männer wie ihn in einen entsetzlichen Krieg getrieben hatten, wieder an verantwortlicher Stelle zu erleben. Ursel und Herbert trafen sich, verliebten sich, heirateten 1951 und blieben bis zu Herberts Tod im Jahr 2014 ein inniges Paar.

Das anfängliche Wohlwollen und die Hoffnung in die neu gegründete DDR schwanden allerdings. Die jungen Bräunings hatten sich im Gegensatz zu ihren Eltern, die im Westen blieben, bewusst für Ost-Berlin entschieden, Ursel war sogar in die SED eingetreten. Nun mussten sie erneut Repression und Einmischung des Staates erleben: Die Verlagsarbeit wurde kontrolliert, Schriften zensiert. Herbert schrieb, was er dachte, Ursel sagte, was sie dachte. Das Ehepaar eckte an. Am 17. Juni 1953 gingen sie auf die Straße und nahmen an den Protesten und Demonstrationen teil, die schon in den Tagen zuvor an verschiedenen Orten in der ganzen DDR entstanden waren. Über eine Million Menschen beteiligten sich am Volksaufstand, forderten freie Wahlen und eine Verbesserung der Arbeitsbedingungen. Am 17. Juni wurde der Aufstand gewaltsam niedergeschlagen. Sowjetische Panzer waren angerollt und hatten die Mündungen ihrer Kanonenläufe auf die Menschen gerichtet. Todesopfer waren zu beklagen. Ursel sagt, sie wäre von einem prügelnden Polizisten erschlagen worden, hätte sie ihr Mann nicht rechtzeitig weggezerrt. Der 17. Juni war zwar bis zur deutschen Wiedervereinigung Nationalfeiertag in der Bundesrepublik, dennoch sind die historischen Ereignisse dieses Tages aus der öffentlichen Wahrnehmung verschwunden.

Die Bräunings stießen sich an den staatlichen Kontroll- und Überwachungsmechanismen, daran, dass die Freiheit des Geistes und des Wortes immer mehr beschnitten wurde. Enttäuscht vom real existierenden Sozialismus in der DDR hielten sie Kontakt zum Ost-Büro der SPD in West-Berlin. Als sie einen Artikel ihres Mannes in West-

Berlin bei Freunden abgegeben hatte, wurde sie auf dem Rückweg verhaftet. Herbert hatte das Todesurteil von Max Held und Werner Rudert angeprangert, die am 27. Januar 1956 vor dem 1. Strafsenat des Obersten Gerichts wegen „Abwerbung" zum Tod verurteilt worden waren. Sie hatten anderen Menschen zur „Republikflucht" verholfen. Die Todesurteile wurden im Februar in lebenslängliches Zuchthaus umgewandelt. Im Gefängnis landete auch das Ehepaar Bräuning, Ursel zweieinhalb, Herbert drei Jahre. Zum zweiten Mal hatte sie ihr Zuhause, hatte sie alles, was sie besaßen, verloren. Sie sahen nichts davon wieder. Wie sich später herausstellte, waren sie möglicherweise von einem Freund verraten worden, der in der Wohnung der Bräunings ein und aus ging, auch weil sich Ursel um dessen Tochter gekümmert hatte. Er, ein Schauspieler und früherer Freund Herberts, hatte die vielfältigen, politisch brisanten Zeitschriften in der Bräuning'schen Wohnung liegen sehen und manches mitgenommen. Ein Verrat, den Ursel nie vergessen wird, den sie aber viele Jahre nach der Wende vergeben konnte. „Er war so 'ne arme, jämmerliche Jestalt", außerdem sei ihr der innere Frieden wichtig gewesen. Ihren Mann hatte sie nach ihrer Verhaftung erst beim Prozess wiedergesehen, in dem beide wegen „Boykotthetze" verurteilt wurden.

In ihrer Haftzeit lernten sie unterschiedliche Anstalten und die würdelosen Methoden der Staatsmacht kennen; sie waren in Cottbus, Guben und Görlitz eingekerkert. Am schlimmsten aber war die zentrale Untersuchungshaftanstalt des Ministeriums für Staatssicherheit in Berlin-Hohenschönhausen. Als sie viel später die Anlage besichtigte, brach sie im Keller zusammen. Den Ort, an dem sie seinerzeit in Einzelhaft war und an dem sie traumatische Dinge erlitten hatte, konnte sie ohne Hilfe nicht verlassen.

Jahrzehnte später und nach unserem Zusammentreffen holen sie die Erinnerungen in einer Weise ein, die sie in ihrem langen Leben nicht für möglich gehalten hätte. Die Coronakrise zwingt sie zum Alleinsein, zur Isolation tagein, tagaus. „Ick konnte dat alles, die Einzelhaft und so, jut verdrängen, jetzt aber kommt alles wieder hoch", berichtet Ursel am Telefon.

Schwer waren damals die sechs Monate nach ihrer Entlassung, die ihr Mann noch abzusitzen hatte. Sie hatte sich zu ihren Eltern nach West-Berlin durchgeschlagen. Die Angst um Herbert, der viel zarter und verletzlicher war als Ursel, zermürbte sie; auch hatte das Ehepaar keinen Kontakt während der Haftzeit. Man hatte ihr in den Verhören signalisiert, dass man um die Verletzlichkeit ihres Mannes sehr wohl wusste und das gegebenenfalls nutzen würde. Herberts Schutz war die Kunst, das Dichten:

„Dem Körper wohl mag die Haft fremde Gesetze aufzwingen, dem Geist aber muss sie sich beugen: er kennt nur sein Gesetz."

So erdachte er es im Februar 1956 während der Stasi-Untersuchungshaft in Hohenschönhausen. Erst später konnte er die Gedichte schriftlich niederlegen. Unter anderen dieses:

„Wie eine Hostie
hielt ich mein zuckendes Herz
in den Eiswind der Zeit
doch dem Frost
dem beißenden Schmerz
der in die Herzwand sich fraß
wehrte zuletzt
noch immer die wärmende
behutsame Hand deiner Liebe".

In der erneuten Stasi-Haft im Sommer 1958, diesmal im berüchtigten „U-Boot", in der Dunkelzelle in Hohenschönhausen, entstanden insgesamt 28 Sonette. Ohne Licht und Schreibzeug schuf Herbert alle im Geist und wiederholte sie immer wieder für sich, um ja nichts zu vergessen. Schon einen Tag nach seiner Freilassung bat Herbert um einen Bleistift und brachte mit zitternder Hand seine Gedichte zu Papier. Darunter waren bewegende Liebesgedichte an seine Frau. Ein Sonett endet mit den Zeilen:
„Sag, Liebste, wenn du manchmal um mich bangst,
kennst du sie auch, die namenlose Angst?"

Ursel besitzt diese Niederschriften noch; anders als beim größten Teil von Herberts Nachlass, den sie bereits der Akademie der Künste in Berlin überließ, kann sie sich von diesen zittrigen Zeilen nicht trennen. „Später hat er dann nich mehr jedichtet. Dat is ja nur wat für unglücklich Verliebte, nüscht für glücklich Verheiratete", sagt Ursel.

Die letzten Wochen in einer ungeheizten, feuchten Zelle hätten Herbert fast das Leben gekostet; um ein Haar hätte er die Freiheit und die Zukunft mit seiner Frau nicht mehr erlebt. Mit einer schweren Lungenentzündung hatte er es nach seiner Entlassung bis zur Wohnung von Ursels Eltern geschafft.

Beinahe wäre es gelungen, Herbert und damit das Glück Ursels zu brechen. Im Prozess hatte die Richterin, Lucie von Ehrenwall, die Ursel im Furor und im Hass auf politisch Andersdenkende an den nationalsozialistischen Roland Freisler erinnert, Herbert entgegengeschleudert: „Sie wollen doch wieder ein anständiger Mensch werden." Ursel schnappt noch nach Jahrzehnten nach Luft, die Stimme zittert. Ihrem feinsinnigen, geistvollen und friedliebenden Mann die moralische Integrität abzusprechen, bringt sie wie nichts anderes, das sie erlebt hat, aus der Fassung. Aber – und das ist Ursel wichtig – so schrecklich all die Erfahrungen gewesen seien, die SED-Diktatur, die sie klar als solche bezeichnet, sei nicht mit der national-sozialistischen Tyrannei gleichzusetzen. Die eine habe die Menschen zwar missachtet und unterdrückt, den Tod der Gegner billigend in Kauf genommen. Letztere aber habe Tod, Mord, sie habe die Vernichtung selbst zum Ziel gehabt. Das sei doch ein wesentlicher Unterschied, darauf beharrt Ursel.

Zunächst war nicht klar, ob Herbert seine schwere Erkrankung überlebt. Es war knapp, aber er hat sich dann doch im Krankenhaus auskuriert. An der Seite ihres Mannes, der nun als Journalist sein Auskommen fand, verschlug es Ursel von West-Berlin über Hamburg schließlich nach München. Seit 1971 lebt sie in Germering, bis zum Tod ihres Mannes im Jahr 2014 stets an seiner Seite. Ursels Herz gehört den Büchern, seit sie denken kann. In ihrem beruflichen Werdegang lernte sie viele Urheber der geschriebenen und noch zu schreibenden Bücher kennen. Und so dehnte sie ihre fürsorgliche Zuwendung auf all die Schriftsteller aus, deren Wege sie begleitete, und für deren Wohl und Versorgung sie sich jahrzehntelang einsetzte. Sie war als Sekretärin beim Gründungskongress des Verbands deutscher Schriftsteller in Köln dabei, später dessen Geschäftsführerin in München, ebenso wie sie auf Vorschlag Dieter Lattmanns das Autorenversorgungswerk der VG Wort aufbaute. 1985 erhielt Ursel die Bundesverdienstmedaille für ihren Einsatz. Dieser bestand nicht nur darin, in vielen Briefen an die Autoren Überzeugungsarbeit zu leisten, die Skepsis und das Misstrauen der Schriftsteller zu zerstreuen und sie dazu zu bringen, den

Angeboten des Versorgungswerks zu vertrauen. Wichtiger oft waren die persönlichen Begegnungen; wie viele deprimierte und verzweifelte Menschen saßen in ihrem Büro, wollten aufgeben, mit allem Schluss machen. Ursel schüttelt die rote Mähne. Mit Kaffee und „so'ne paar Kekse hab ick mir dann alles anjehört und Mut jemacht und sie dann ebend wieder aufjebaut." Wer den Orden vorgeschlagen hat, weiß Ursel auch. Sie habe da einen Brief, den müsste sie suchen. Heinrich Böll hat ihn unterzeichnet, Barbara König, Martin Gregor-Dellin und Günter Grass. Diese Namen fallen ihr auf Anhieb ein.

Wichtiger noch als dieser Orden sind ihr jedoch kleine, aufgeklebte rote Punkte. Sie prangen auf den meisten Büchern in Ursels Regalen. Sie markieren, dass in diesen Bänden eine persönliche Widmung des jeweiligen Autors zu finden ist. Einer der größten Schätze aber ist ein dickes Album, das Ursel am Ende ihres beruflichen Lebens überreicht wurde. Viele ihrer Weggefährten waren damals ins Kaffee Giesing, in die Kultkneipe des Liedermachers Konstantin Wecker, gekommen, um Ursel zu feiern und ihr das dicke Buch zu schenken. Und noch mehr hatten sich darin verewigt; hier sind viele bekannte Namen zu entdecken.

Es mag in Ursels Leben ruhiger geworden sein, aber Ruhe gibt sie trotzdem nicht. Für die sozialen Belange ihres direkten Umfelds stets interessiert, setzte sie sich für das Mehrgenerationencafé „Zenja" ein, das ihrer Wohnung schräg gegenüberliegt. In Zeiten von Corona stellen ihr Freunde die Mahlzeiten, die im „Zenja" entstehen, vor die Tür. Der Zusammenhalt trägt, das ist ein Trost in dieser einsamen Zeit. Und hoffentlich kommt bald die Zeit wieder, in der sie dem Nachbarsmädchen bei den Deutsch-Hausaufgaben, beim Aufsatz über Goethe helfen kann.

Leider hatte sie mit ihrem Mann keine eigenen Kinder. Ihnen ist aber eine Wahlfamilie zugewachsen, die ganz in der Nähe wohnt. Christoph und seine Frau Angelika hatten sie vor vielen Jahren interviewt, beide damals Studenten. Er arbeitete für die *Süddeutsche Zeitung*, sie beim *Münchner Merkur*. Zum Glück ist sie so alt geworden, sagt Ursel. Denn so hat sie ihre drei Wahlenkel aufwachsen sehen, die inzwischen alle studieren. „Als klitzekleene Menschenkinder hab ick sie alle im Arm jehalten."

Auf die Frage, wie sie den Rucksack beschreiben würde, in dem ja zusammengepackt verschiedene Beigaben der deutschen Geschichte auf ihrem Leben schwer lasten könnten, meint Ursel nur: „Ach, meene Rucksäcke sind doch alle verbrannt; nüscht übrig. Dat, wat zählt, hab ick hier", und deutet auf die Fotos an der Wand, auf denen ihr Mann, Christoph, Angelika und deren Kinder zu sehen sind. Und dann zeigt sie noch auf die vielen roten Punkte, die nun von den Buchrücken herab zu blinken scheinen. Viel erlebte das einstige Lehrmädchen der Uniformschneiderei Petschke, Potsdamer-, Ecke Bülowstraße, in 91 Jahren. Ein Wimpernschlag?

„Vergebung zu bekommen, ist schön und wertvoll. Nur glauben kann ich es nicht"
Bert Heinrich

Wir müssen nicht bleiben, was wir geworden sind oder was „die Geschichte" aus uns gemacht hat. Bert Heinrich findet nach dem Zusammenbruch seines Weltbildes neue Wertvorstellungen. Aus einem halbwüchsigen Soldaten der Waffen-SS, der damals vom NS-Regime überzeugt war, wird ein großer Lehrer und Freund.

Narzissen blühen, Rosen knospen. Der Frühling hat sich ins Zeug gelegt und helles Grün über die Landschaft gebreitet. Die Sonne bescheint den Garten, in dem sich Bert Heinrich und seine Frau Haiku in diesen Tagen viel tummeln. Mit Blick auf die Alpenkette lässt sich die Quarantäne im Dorf aushalten, die das Coronavirus allen aufzwingt. Das Ehepaar gehört mit Berts 94 und Haikus 87 Jahren zur „Risikogruppe", auch wenn beide mindestens 20 Jahre jünger wirken. So hielten sie sich beide schon vor den offiziellen Ausgangsbeschränkungen eisern an die Ratschläge ihres Nachbarn, eines Arztes, der ihnen die körperliche Distanz zu den Mitmenschen dringend empfahl, auch wenn der Nachbar dadurch selbst auf die Unterstützung beider bei der Betreuung seiner Kinder verzichten muss. Den Kontakt zu Bert suchen noch immer viele, denn der erste Eindruck, den er vermittelt, trügt nicht: hellhörig, behutsam und verbindlich. Er hat die seltene Gabe, die Weisheit, die sich aus seinem wechselvollen Leben speist, mit der Neugier am Unbekannten zu verbinden. Der Maßstab ist stets das Gegenüber, der Mensch, der ihm gerade begegnet. Dessen Anliegen nimmt Bert ernst, begibt sich auf Augenhöhe, stellt niemals den eigenen, reichen Erfahrungsschatz voran, unterschlägt jedoch auch nicht die Erwartung an einen Umgang, der das gegenseitige Vertrauen verdient.

„Immer wieder denke ich, dass wir im Leben doch sehr weite Wege gehen, und es ist für mich ein bewegendes Erlebnis, wenn sich gegen Ende dieses Gehens Kreise schließen", so schrieb mir Bert in einer der ersten Zuschriften nach Erscheinen meines Buches. In gewisser Weise hatte er Anteil an dessen Entstehung, weil mir Gespräche mit ihm die Mentalitäten zur Zeit des Nationalsozialismus näherbrachten. Welche weiten Wege Bert selbst zurücklegte und welche Kreise er ziehen musste, wusste ich jedoch nicht. Er hatte die Männer des 20. Juli 1944 und besonders Stauffenberg, so schrieb er mir in seinem Brief, „als Verräter früher völlig abgelehnt". Seine eigene Haltung zur Zeit des Nationalsozialismus plagt Bert bis heute. Er setzt sich seit Jahrzehnten mit der deutschen Geschichte und seinem eigenen Platz darin auseinander. Nachts, wenn er nicht schlafen kann, und tagsüber, wenn er recherchiert, liest, schreibt. Dies geschah und geschieht in verschiedenen Phasen seines Lebens, in Wellen, wenn ihm Artikel oder Bilder, Lieder oder Zahlen ins Bewusstsein schwappen. Dann entstehen Texte wie dieser, den Bert im Jahr 2018 in Erinnerung an seinen Jugendfreund Walter niedergeschrieben und den er „Für Ihn und die Anderen" betitelt hat:

Jung waren wir und stark,
wir lachten, hatten hochfliegende Pläne,

die Welt gehörte uns
und wir waren uns nahe.
Aber dann kam der Sturm:
Er riss uns alle weg, alle,
wer sich halten wollte,
wurde samt seinem Halt fortgerissen,
irgendwohin.

Dann war der Sturm zu Ende:
Wir Herausgerissenen standen mühsam auf,
reckten uns und suchten die Anderen,
die aber waren nicht mehr zu finden,
verweht für immer und nirgendwo.

Wir arbeiteten und kamen voran.
Nachts aber sucht mich Angst heim,
die Hinterlassenschaft des Sturmes, unauslotbar,
und ich finde dafür keine Worte.

Auslöser für Berts wiederkehrende Phasen kann die eigene
Erinnerung sein, die sich ungebeten plötzlich einstellt. Auslöser können Berichte sein, die den Ungeist vergangener
Zeiten tagesaktuell werden lassen. Dann taucht die Frage
auf, die Bert immer und immer wieder an sich selbst stellt:
„Was ist zu tun? Was kann ich tun?" Er hofft bis heute, dass
nichts von dem, was ihn damals verwirrte und verirrte, in
die Gegenwart nachwirkt. Er hat seinen Rucksack nicht versteckt, sondern angesehen und ausgepackt. Er versuchte,
den Inhalt, das Erlebte einzuordnen und in einem „archive
intérieure" abzulegen. Es ist ein inneres, aber kein gehei-
mes Archiv. Auch anderen gewährt er nun Zutritt.

Bert wurde am 27. Juni 1926 in Stuttgart geboren, „an
Siebenschläfer", wie er gleich hinzufügt. In diesem Fall ist

der Name des Tages nicht Programm. Als Ältester von vier Kindern, einem Bruder und zwei Schwestern, wuchs er in den ersten Jahren in Mettingen, einem Vorort des württembergischen Esslingen auf. Er fühlte sich von Beginn an für seine jüngeren Geschwister zuständig. „Das war einfach so", sagt Bert. Das erwartete seine Mutter von ihm und das zog er nie in Zweifel. „An meiner Hand machte mein kleiner Bruder Horst seine ersten Schritte, an meiner Hand machte er seine letzten Schritte." Im Jahr 1980, auf Berts Arm gestützt, am Tag, an dem der Bruder an einem Gehirntumor starb.

Die Heinrichs wohnten gemeinsam mit Großeltern und der Familie des Onkels mütterlicherseits in einem Haus, die väterlichen Großeltern nur ein paar Häuser weiter. Eingebettet in die Großfamilie erlebten Bert und seine Geschwister eine behütete Kindheit. Die Eltern hatten jung eine Familie gegründet. Der Vater war noch Maschinenbaustudent. Die Mutter, die aus einer zwölfköpfigen Familie stammte, war, bevor sie Hausfrau und Mutter wurde, „in Stellung" gewesen – so sagte man damals: Sie hatte im Haushalt einer großbürgerlichen Stuttgarter Familie ihren Unterhalt verdient. Bert war der Grund für die Heirat, der etwas beschleunigte Start in eine harmonische Ehe. „War nicht verkehrt, sie haben sich ja mögen", sagt Bert, sacht schimmert jetzt das Schwäbische durch. In Berts Herkunftsfamilien war man im guten, rechtschaffenen Sinn christlich, ohne übermäßigen Wert darauf zu legen. Politisch dachte man deutsch-national. Der verlorene Krieg 1918 und der Friedensvertrag von Versailles wurde von Berts Eltern als großer Bruch, als traumatisches Ereignis wahrgenommen. Man war enttäuscht von den Autoritäten, fühlte sich allein gelassen von Kirche und Staat, die – so empfanden es viele – keine Hilfe boten in den gesellschaftlichen Umbrüchen und Unsicherheiten dieser Zeit. Dem demokratischen System der Weimarer Zeit begegnete man skeptisch. Bert erinnert den Satz, den er als Kind aufgeschnappt hatte: „Die reden ja bloß."

Berts Eltern gaben ihm Orientierung, seine Großmutter prägte ihn. „Wie sehr, und welche Qualität unsere Beziehung hatte, habe ich erst viel später erkannt." Die Großmutter eröffnete dem Jungen das Universum des Geistigen, der Kunst und der Literatur. Sie las ihm Geschichten aus der Zeitschrift „Die Gartenlaube – Illustrirtes Familienblatt" vor. Noch heute könnte er die seitengroße Abbildung nachzeichnen, auf der kanadische Holzfäller abgebildet waren, so sehr hat sich die Illustration in sein Gedächtnis eingebrannt.

1933 zog die Familie nach Esslingen, damit Bert dort zur Schule gehen konnte. Seine Schulzeit war davon geprägt, dass der Nationalsozialismus die gesamte Lebenswelt vereinnahmte und auch nach den Seelen und den Herzen der Kinder griff. „In Stufen wurde eingeübt, was ein kleiner Junge nicht durchschaut", sagt Bert. So erinnert er sich an einen Schultag nach Ostern des Jahres 1933. Herr Schäufele, den die Kinder im Chor am Morgen noch mit „Guten Morgen, Herr Lehrer" begrüßt hatten, wies die Klasse nach der Pause in die neue Grußformel ein. Von den Kindern erwartete er künftig den kräftigen Ruf „Heil Hitler". Das war die Zukunft, das stellte niemand in Frage. Herr Schäufele war schließlich eine Respektsperson, hochverehrt und bewundert.

Auch erinnert sich Bert an einen „nationalen Feiertag – irgendwann, es kann 1933, 34 oder 35 gewesen sein", als sein Vater mit zwei Hakenkreuzfahnen aufwartete und diese aus den Fenstern ihrer Esslinger Wohnung hängte. „Noch waren es die einzigen Fahnen an unserem Haus, die einzigen Fahnen in der Straße, die einzigen Fahnen weit und breit", sagt Bert. Er spürt noch das Staunen darüber, dass die Heinrichs so etwas Exklusives besaßen. Bleibenden Eindruck hinterließ auch ein Ausflug, den Bert mit seiner Mutter in die Innenstadt Esslingens unternahm. Plötzlich waren Trommeln und Fanfaren zu hören. Die Stimmung war feierlich, erhaben. Um die Ecke bog eine Gruppe von Jungen, im Gleichschritt und in uniformähnlicher Kleidung: kurze Hosen, Hemden, Schlips und Schulterriemen. Bert war begeistert, da wolle er auch mitmachen, drängte er seine Mutter. Mit zehn Jahren, so früh wie möglich, trat Bert als Pimpf dem Jungvolk, der nationalsozialistischen Jugendorganisation für 10- bis 14-Jährige unter dem Dach der Hitlerjugend bei, Fähnlein 1/365 „Alt-Eßlingen". „Es war alles ganz wunderbar, ein echter Buben-Traum", sagt Bert: die Gruppe, das gemeinsame Marschieren, die Nachmittage im geheimnisvollen Türmchen im Weinberg, Geländespiele, Übernachten in Zelten, Kochstellen im Freien, Mutproben und Zusammengehörigkeit. Bert war in seinem Element. Er ging als „Waldläufer" auf, so sehr, dass er nie in die Hitlerjugend, die Jugendorganisation für die 14- bis 18- Jährigen eintrat. Er bevorzugte, eine Führungsposition, Jungenschaftsführer, im Jungvolk zu übernehmen. Bei einer Radtour an den Bodensee begann für den 15-Jährigen seine Freundschaft mit dem drei Jahre älteren Freund Walter Steck, mit dem er von nun an unzertrennlich sein würde. Er und die anderen Pimpfe seiner Gruppe lehnten die HJ ab, die man als „alt" und „wenig begeistert" erlebte. Die Jungen in Berts Fähnlein waren – so ihre Ansicht – leidenschaftlicher, trainierter und in praktischen Fertigkeiten versierter. Was Bert damals nicht wissen konnte: Die Fertigkeiten, die er sich bei all der Lagerfeuer-Romantik erwarb, würden ihm später in Krieg und Gefangenschaft nützlich sein. Er beherrschte es, sich nachts an den Sternen zu orientieren, sich trotz Kälte und anderer Widrigkeiten durchzuschlagen. Auch hier kam die schmerzliche Einsicht später, dass die begeisterten Kinder nicht nur weltanschaulich indoktriniert werden sollten. Man nutzte die jugendliche Gruppendynamik und den Sportsgeist dieser Generation aus, um sie fit und ausdauernder für den Krieg zu machen. „Flink wie ein Windhund, zäh wie Leder und hart wie Kruppstahl", so wolle Hitler die Jugend haben, hatte er in einer Rede gesagt und so wurde es oft wiederholt.

In Berts Wahrnehmung spielte Politik zu seiner Zeit im Jungvolk aber kaum eine aktive Rolle. Der Nationalsozialismus war Lebensrealität, Lebensgefühl, er war selbstverständlich geworden. Er durchdrang alle Bereiche und präsentierte sich als allumfassende Antwort. Da fand zum Beispiel eine Veranstaltung in Esslingen auf dem Marktplatz statt, Bert besitzt noch das Foto. Die Pimpfe, darunter Bert, waren in einer langen Reihe aufmarschiert. Dann hieß es „kehrt", die Jungen drehten sich um und auf Rücken und Brust eines jeden Jungen war ein Bogen Papier befestigt, mit einem Buchstaben darauf, so dass das Publikum lesen konnte: EIN VOLK EIN REICH EIN FÜHRER.

Plumpe, aggressive Agitation störte Bert, der sich bei all seiner Sportlichkeit als sensibel und zurückhaltend beschreibt. Da gab es den Studienrat Bosch, der weltanschaulichen Unterricht erteilte. Er las den Schülern – Bert war inzwischen in die Georgii-Oberschule übergetreten – aus dem antisemitischen Kinderbuch „Der Giftpilz" vor. Sprache und Inhalt des Buches, das 1938 erschienen war, richtete sich auf übelste Weise gegen das Judentum und hatte nichts Geringeres vor, als die Judenverfolgung zu legitimieren. Das Buch fand Bert „eigenartig", es war ihm unangenehm. Es bot keine Fakten. Er hatte den Eindruck, da wollte der Bosch ihm „irgendetwas unterjubeln". „Ich habe das alles nicht gern gehört, davon wollte ich nicht berührt werden. Am unangenehmsten fand ich aber den Lehrer selbst: ein Angeber, ich mochte ihn nicht." Diese Schulstunde war so ganz anders als der Unterricht des hochverehrten Oberstudienrats Kautter. Es war ein Erlebnis, als dieser eines Tages zu Beginn des Geschichtsunterrichts aus Homers „Ilias" in Altgriechisch vorlas. „Eine unvergessene Sternstunde", an die sich Bert heute noch immer wieder erinnert.

Dem großspurigen Lehrer Bosch hatte Bert damals nicht widersprochen. Auch als er von den Verwüstungen in der Reichspogromnacht im Jahr 1938 in seinem Heimatort erfuhr, erzeugte das keinen Widerspruch in ihm. Eine Gruppe von Männern, Parteigenossen des Vaters, hatten das jüdische Waisenhaus oberhalb der Esslinger Burg geplündert und demoliert, das leicht abgelegen stand. Das Gebäude gibt es auch heute noch. Bert erinnert sich daran, dass sich seine Eltern über die Geschehnisse unterhielten, besonders darüber, dass Bücher verbrannt worden waren. Nicht nur jüdische Literatur, sondern auch Werke von Goethe und Schiller waren dem Feuer zum Opfer gefallen. Heute würde Bert gerne wissen, welche Rolle sein Vater selbst bei der Aktion gespielt hat. Die Eltern zeigten keine Abscheu, eher ein gewisses Bedauern, vor allem darüber, dass die Zerstörungswut auch die „Klassiker" betraf. „Nach dem Motto: Muss das denn sein?" Vage erinnert sich Bert auch daran, dass in der Esslinger Obertorstraße „etwas" gewesen sei. Der Junge erfuhr, dass dort lebende Juden, die er nicht gekannt hatte, abgeholt und in ein Lager gebracht worden waren. Viele Jahrzehnte später kennt Bert die Namen. Aus der vagen Kolportage wurde das konkrete, traurige Schicksal von Menschen: Er fand heraus, dass Jette Löwenthal, Ilse Löwenthal und Rosa Oppenheimer aus ihrer Wohnung in der Obertorstraße 45 nach Riga beziehungsweise nach Theresienstadt deportiert wurden und dort ihr Leben verloren.

Damals sei niemand entsetzt gewesen, auch Bert nicht. Weder nach der Verwüstung des Waisenhauses noch nach der Erwähnung des Schicksals der Esslinger Mitbürger. Dieser Mangel an Entsetzen ist es, der Bert heute quält. Diesen Mangel versucht er sich zu erklären, es gelingt ihm nicht. Auch – und hier wird Bert nachdrücklich – soll der Versuch, es erklären zu wollen, nicht als Versuch missverstanden werden, irgendetwas relativieren oder gar rechtfertigen zu können. Die Frage, warum er nicht entsetzt gewesen ist, warum er nicht erkannt hat, wie fürchterlich die Geisteshaltung war, die sich gegen die jüdischen Mitbürger richtete, treibt ihn bis heute um. Er findet keine Antwort darauf. Als Kind hatte Bert Wortfetzen aufgeschnappt, die auch heute, nicht zuletzt befeuert durch die Coronakrise, zunehmend in Verschwörungstheorien auftauchen, wie: „Die da!", „jüdischer Finanzkapitalismus" und „geheimnisvolle, international agierende Familien", „jüdische Machtzentren". Wer diese Worte wann damals gesagt hat, weiß Bert nicht mehr. In seiner Familie, in der Schule, in den Zeitungen, in der ganzen Umgebung schien es ein Einverständnis über die Rolle der Juden gegeben zu haben. Das Schicksal dieser Menschen hatte ihn damals jedenfalls nicht betroffen und es hatte ihn auch nicht beschäftigt, es war „Erwachsenenangelegenheit". Mit seinen Eltern sprach er nicht darüber. Sätze zu diesem Thema rauschten an ihm vorbei und erzeugten keinen Widerhall, weder im Denken noch im Fühlen. „War Schweigen das eine, so war das andere die Verbindung des Wortes ‚Jude' mit Heimlichkeit, mit Verheimlichtem, mit einer Ahnung von etwas, worüber man besser nicht spricht. Was man hätte wissen müssen, blieb unter dem Teppich", schreibt Bert in seinen Aufzeichnungen.

Zu Beginn des Jahres 1943 wurde der 16-jährige Bert Flakhelfer. Im Januar 1943 war der Erlass ergangen, die Schüler der höheren Schulen aus den Jahrgängen 1926 und 1927 als Luftwaffenhelfer zum Kriegsdienst einzuziehen. Weil sie die Flugabwehr-Kanonen, kurz Flak, zu bedienen hatten, wurden sie Flakhelfer genannt. Soldaten, die bis dahin in der Luftabwehr Dienst hatten, wurden dringend für den Fronteinsatz gebraucht. Die jungen Flakhelfer hatten nun den Anordnungen sämtlicher Offiziere, Wehrmachtsbeamter und Unteroffiziere ihrer Dienststelle Folge zu leisten. Als Vorgesetzte galten aber weiterhin auch die Lehrer und HJ-Dienstgrade. Erste Einberufung war am 15. Februar 1943, der Tag, an dem auch Bert Flakhelfer wurde. Danach wurde er eingekleidet und vereidigt. Im rechtlichen Sinne waren die Jugendlichen, die nun die Soldaten ersetzen sollten und als Flakhelfer berufen wurden, nach wie vor Schüler. Unterricht fand weiterhin statt; nur zum Physik- und Chemieunterricht verließen die Schüler ihre Stellungen und fanden sich in der Schule ein. Ansonsten kamen die Lehrer zum Einsatzort. Dort wohnten die Jungen in Holzbaracken, meist zu sechst in „Stuben", nahe bei den Geschützen, jederzeit einsatzbereit.

„Wenn wir am Tag feindliche Flugzeuge gesehen oder sie in der Nacht mit dem Radargerät geortet hatten, wurde geschossen, alle sechs Geschütze feuerten dann gleichzeitig", so hatte es Bert niedergeschrieben, nachdem er vor einigen Jahren einem zehnjährigen Nachbars-Mädchen ausführlich über seine Kriegserlebnisse berichtet hatte.

Auf die Frage, ob er denn jemanden getroffen hätte, antwortete Bert, dass man zwar geschossen, aber nicht gewusst habe, was die Granaten anrichteten, weil die Einschläge und Explosionen weit weg gewesen seien.

Bert erinnert sich an sein Weltbild in dieser Zeit. Man habe zu keinem Zeitpunkt in Zweifel gezogen, etwas Richtiges und Wichtiges zu tun. Er hatte den Eindruck, dass seine Freunde und Klassenkameraden ähnlich dachten. Mit ihnen war er ein ganzes Jahr fast ständig beisammen gewesen. Ihn irritierten Aussagen aus den Jahren nach dem Krieg, in denen sich manch einer nicht mehr an die damaligen Überzeugungen zu erinnern schien und nachträglich eine innere Distanz zu den Vorgängen zu konstruieren suchte. Eigentlich seien doch die meisten voll bei der Sache gewesen, sagt Bert. Allerdings erfuhr Bert nach seiner Rückkehr aus der Kriegsgefangenschaft davon, dass zwei Freunde aus seiner Stube tatsächlich andere Überzeugungen hatten. Beide waren Söhne evangelischer Pfarrer. Im Haus des einen, Hans Schmidt, waren über Jahre zwei jüdische Familie versteckt und gerettet worden. Der andere, Wolfgang Wacker, war nach dem 20. Juli 1944 von Klassenkameraden denunziert und vor dem Militärgericht wegen Wehrkraftzersetzung angeklagt worden. Der damals 17-Jährige hatte gesagt, und damit die Bombe im Führerhauptquartier gemeint: „Wenn sie ihn doch nur zerrissen hätte."

Im Februar 1944 wurden Bert und die anderen Flakhelfer des Geburtsjahres 1926 verabschiedet, der nächste Schülerjahrgang zur Luftabwehr eingezogen; nun stand auch die Entlassung aus der Schule an. Einen regulären Schulabschluss konnten Bert und seine Klassenkameraden nicht machen, sie wurden als Soldaten einberufen. In der Zwischenzeit war nicht nur Berts Vater zur Waffen-

SS in Dresden, sondern auch Berts bester Freund, Walter Steck, zur Wehrmacht eingezogen worden. In düsterer Vorahnung hatte sich Walter in seinem letzten Urlaub von Bert verabschiedet und ihm ein folgenschweres Versprechen abgenommen: Bert solle sich um Walters Verlobte Lissy kümmern, falls ihm etwas zustieße. Walter fiel im Januar 1944 in Russland. Er wurde 20 Jahre alt. Bert und Lissy blieben übrig, sie bildeten den Rest des ehemaligen, bedingungslosen Freunde-Trios. Bert würde sein Versprechen einlösen. Lissy und er heirateten im Jahr 1950.

Bert selbst trat seinen Dienst als Soldat bei der Waffen-SS im März 1944 an. Nach der Ausbildung in München kam er zu einem Flakregiment der SS-Division „Das Reich". Bereits ein Jahr früher, im Frühjahr 1943, hatte sich Bert freiwillig bei der Waffen-SS gemeldet. Er hatte diese Entscheidung allein getroffen, hatte sich mit seinen 16 Jahren erwachsen gefühlt. Wenn er Dienst an der Waffe leisten musste, wollte er dies in einer Eliteeinheit tun. Jahrzehnte später schrieb er: „Und ich war so stolz auf mich gewesen und war damals sehr aufrecht und erhobenen Hauptes durch Stuttgart gegangen, weil ich [...] eine eigene und politische Entscheidung getroffen hatte. Meine innersten Gedanken waren damals: Wenn ich Nationalsozialist bin und wir in einem heldenhaften Kampf um Großdeutschland stehen, dann will ich es auch ganz sein und mich mit Leib und Seele voll einsetzen für Führer, Volk und Vaterland und in den tapfersten treuesten Einheiten dienen." Nur eine Freundin sei entsetzt gewesen und habe gefragt: „Weißt du denn, was du tust?" Bert aber wollte sich nicht beirren lassen. Später erkannte er, dass ihr eine andere Perspektive möglich war, weil sie über eigene Wertmaßstäbe verfügte. Ihr Wertesystem hatte sich jenseits der alle Lebensbereiche durchdringenden, totalitären Ideologie der Nationalsozialisten behauptet. Das würde Bert jedoch erst viel später durchschauen, als er in der Kriegsgefangenschaft mit den Gräueln konfrontiert wurde, die im Namen des deutschen Volkes, und auch im Namen seiner eigenen Division „Das Reich" begangen worden waren. So erfuhr er, dass die Division, der er angehörte, im Juni 1944 im französischen Oradour-sur-Glane Massaker verübt hatte, denen mehrere Hundert Zivilisten zum Opfer gefallen waren. Außerdem war die Waffen-SS in den Nürnberger Prozessen vom Internationalen Militärtribunal im Jahr 1946 zu einer verbrecherischen Organisation erklärt worden.

Bert war also Mitglied einer verbrecherischen Organisation gewesen.

Es ist dieser Satz, der ihm bis heute kein Ausweichen ermöglicht. Er hatte willentlich und wissentlich nichts Verbrecherisches getan. Er war selbst – und das betont Bert nachdrücklich – erst nach den Mordaktionen seiner Division an die Front gekommen. Dennoch, es sind die Gefühle der Scham und der Schuld, die umso schwerer auf ihm lasten, je mehr er über die Vernichtungsmaschinerie im „Dritten Reich" in Erfahrung brachte. Er kann sich nicht davon lossprechen, Teil des Ganzen gewesen zu sein. Er vermag es bis heute nicht.

Bert wurde in der Winteroffensive 1944 in Belgien eingesetzt, seine Einheit dann im Januar 1945 nach Ungarn verlegt. Zu keinem Zeitpunkt – auch das bestürzt ihn heute – stellte er die Ziele der Kriegsführung in Frage. „Es hieß Durchhalten bis zum Endsieg", sagt Bert. An den „Endsieg" glaubte auch er, der seine Kraft, sein Leben dafür einsetzen wollte. „Ich war eingebunden in das ganze Geschehen. Es war einfach so." Das war so für Bert, auch wenn er in Situationen wie jene geriet, die er über Jahrzehnte verdrängte, in die ihn plötzlich eine Erinnerung katapultierte und die eine spontane, überwältigende Trauer erzeugte: Ein Ereignis wenige Tage vor Kriegsende, Bert war einer Kampfgruppe zugeteilt worden, irgendwo zwischen Wien und Stockerau, „an der schönen blauen Donau". So betitelte er den bewegenden Text, den er im Jahr 2018 nach einem „Flashback" niederschrieb. Ein junger Mann in Zivil war von seiner Einheit in den Donau-Auwäldern aufgegriffen worden. Nach einem kurzen Telefonat des Diensthabenden mit der vorgesetzten Stelle war der Befehl erteilt worden, den Burschen als Deserteur zu behandeln und ihn sofort zu exekutieren. Bert war stummer Zeuge der Szene, Zeuge der sich zuspitzenden Gespräche gewesen. Der junge Mann, Berts Geburtsjahrgang, hatte immerzu beteuert, er müsse zu seiner Mutter nach Wien, er müsse ihr zur Seite stehen, sie stünde ohne Hilfe da. Bert erinnerte sich an die eigenen Gedanken, die innere Verbundenheit zu dem Mann, wusste doch auch er – Bert – nichts Beruhigendes von seiner Mutter und den jüngeren Geschwistern. Auch er hatte in diesem Moment den Impuls verspürt, seiner Familie beistehen zu müssen.

In die Gedanken platzte der Satz: „Melder erschießen Sie den Mann drüben am Waldrand." Der Melder war Bert.

Der schulterte das Gewehr, um den Befehl des vorgesetzten Offiziers auszuführen. Im Text heißt es: „In meiner Erinnerung sehe ich zwei gleichaltrige Burschen, der eine voraus in Zivil, der andere hinterdrein in Feldgrau, über das Gras gehen mit steifen Bewegungen fast wie Marionetten, er voll Schrecken, ich völlig versteinert, ohne Regung, nur mit dem lautlosen Schrei ‚Nein! Nein! Nein! Das kann ich nicht' in mir, und die heillose Angst vor dem Kommenden war so fürchterlich, dass der für uns beide vielleicht noch hilfreiche Rat ‚Mensch, hau ab, lauf los, ich schieß in die Luft', nicht über meine Lippen kam, weil er gar nicht da war, weil es in mir keinen Rat gab, nur bodenlosen Schrecken." Bert hatte die Tat dann nicht ausführen müssen. Ein Unteroffizier war plötzlich aufgetaucht. Er rettete Bert zwar vor der Tat, das Opfer jedoch nicht vor der Hinrichtung. Bert hatte danach ein Grab geschaufelt, den jungen Mann am Waldrand beerdigt und ihn aus seinem Gedächtnis verdrängt.

Im September 2018 legte Bert auf dem Friedhof seines Dorfes einen Blumenstrauß in Gedenken an den Gleichaltrigen nieder. Dieser war aus Berts Bewusstsein entschwunden und hatte nach vielen Jahren dort einfach wieder Platz genommen. Eingeflochten in den Blumenstrauß war eine Sonnenblume, die Bert über den trockenen Sommer hinweg aufgezogen hatte. Ein Foto des Sträußchens hängt nun über seinem Schreibtisch. Es erinnert Bert an den namenlosen jungen Mann. In ihm hatte er sich selbst wiedererkannt. Ihn hatte er fast erschossen. Die Donau, schreibt Bert am Ende seines Essays, war „ein trüber, breiter Strom, der mächtig dahinfloss, unaufhörlich, wie ohne Anfang und Ende, unaufhaltsam und gleichgültig gegenüber dem Geschehen." Es klingt wie eine Metapher für sein damaliges Leben. Nur wenige Tage nach diesen Ereignissen endete der Krieg, Deutschland kapitulierte. Dem Zusammenbruch Deutschlands folgte Berts innerer Zusammenbruch. Er schreibt: „Woran konnte ich mich halten? Da gab es nichts, es war nur grauenvolle Leere."

Mit der Kapitulation am 8. Mai 1945 lösten sich die militärischen Einheiten auf. Jeder versuchte, sich nach Hause durchzuschlagen. Am 15. Mai 1945 wurde Bert von US-amerikanischen Truppen aufgegriffen. Er brachte eine Odyssee durch amerikanische Kriegsgefangenenlager hinter sich, die im österreichischen Aigen begann und in Nürnberg-Langwasser endete. Im März 1946 wurde er nach Frankreich ausgeliefert, wo er in den Lagern Chartres, Montlhèry und Noisy-le-Sec interniert war. Für Bert war diese Zeit körperlich entbehrungsreich, von Phasen peinigenden Hungers geprägt, von Kälte und harter Arbeit. Es war eine Zeit, in der ehemalige Angehörige der Waffen-SS nicht mit Wohlwollen und Nachsicht ihrer Bewacher rechnen konnten. Eine Zeit, in der mit Zigaretten und Tabak eingetauschte amerikanische Militärhandschuhe den wertvollsten Besitz darstellten; sie stellten aber auch den größten Verlust dar, als Bert mit Waffengewalt gezwungen wurde, diese Handschuhe abzutreten – an einen Wachmann mit afrikanischen Wurzeln, selbst schikaniert von seinen Vorgesetzten, das letzte Glied in der Hierarchie des französischen Militärs. Es war eine Zeit, in der eine vollwertige Mahlzeit mit Gemüse, Kartoffeln und Fleisch dankbare Glücksgefühle auslöste, die Bert bis heute abrufen kann. Der Teller war ihm, dem Besiegten, eines Tages von einem Sieger, einem fremden französischen Offizier angeboten worden. Einfach so, unverhofft, unverdient, ein Geschenk.

Es war eine Zeit, in der der Erkenntnisprozess einsetzte. Bert verschloss sich nicht den Informationen über die Verbrechen, über die Gräuel, über die Vernichtung, die das Deutsche Reich über die Völker, besonders über die Juden, gebracht hatte. Damals hatte sich Bert diesem Erkenntnisprozess nicht verweigert; bis heute ist er nicht bereit ihn abzuschließen.

Es war eine Zeit, in der nicht nur der physische Hunger quälte. Bert sehnte sich auch nach „geistigem Futter". So sehr, dass er die katholischen und evangelischen Geistlichen nach den jeweiligen Gottesdiensten im Lager abfing und sie inständig um Bücher anflehte. Der katholische Priester hatte ihm dann das einzige Buch, das er selbst besaß, ein Buch über katholische Prinzipienlehre, geliehen, das Bert vor allem in die theologische und philosophische Welt des Heiligen Augustinus entführte. Er verschlang das Werk. Im evangelischen Geistlichen fand er einen Gesprächspartner, der sein Interesse an der Theologie herausforderte. Das blieb nicht folgenlos: Bert hatte den Eindruck, eine Berufung zu verspüren, dass er Pfarrer werden solle. So trat er noch in der Lagergemeinschaft Noisy-le-Sec wieder in die Kirche ein – sein Vater hatte seinerzeit den Kirchenaustritt der ganzen Familie veranlasst – und ließ sich konfirmieren. Am 16. September 1948 wurde Bert „ungezieferfrei und ohne ansteckende oder übertragbare Krankheit" entlassen. „Vier Jahre, fünf Monate und 15 Tage Kriegsdienst und Gefangenschaft lagen hinter mir", resümiert Bert. 1949 absolvierte er nach zwei Semestern das „Abitur für Kriegsteilnehmer" an der Universität in Tübingen, gleichzeitig immatrikulierte er sich für Theologie. Im evangelischen Pfarrer des Lagers – auch er Schwabe – hatte Bert einen Förderer gefunden, der sich auch nach der Kriegsgefangenschaft seiner annahm und ein Stipendium für Bert erreichte. „Voraussetzung dafür war aber, dass ich mich verpflichtete, fünf Jahre nach dem Studium im evangelischen Gemeindedienst tätig zu werden." Gerade dieses Angebot war es, das starke Zweifel und Skepsis auslöste. Bert war auf den Österberg in Tübingen gestiegen, um über Gott, die Welt und sich selbst nachzudenken. Er hätte – wie das manch ein Student tat – das Angebot annehmen, die Entscheidung nach dem Studium „plötzlich" widerrufen und einen anderen Beruf ergreifen können. Wortbruch kam aber für Bert nicht in Frage. Er schlug nicht nur das Stipendium aus.

Er brach auch das Theologiestudium ab. Er begann zu hadern, mit den Glaubensinhalten, mit Gott, überhaupt mit Verehrung jeglicher Art. Er wollte sich keiner Person, keiner Idee, auch keiner Religion mehr mit Haut und Haaren verschreiben. Er hatte sich schon einmal verirrt. Außerdem sagt Bert: „Die christliche Vorstellung, Vergebung zu bekommen, ist schön und wertvoll. Mir ist das durchaus bewusst. Nur glauben kann ich es nicht. Leider ist das bis heute so geblieben." 1970 trat Bert wieder aus der Kirche aus.

In der Kriegsgefangenschaft war nicht nur sein früheres Weltbild zerbrochen; auch im Familiengefüge, waren tiefe Risse entstanden. Mit Vater Albert, der 1947 aus amerikanischer Kriegsgefangenschaft heimgekehrt war, ließ sich nicht reden. Dieser verweigerte die Auseinandersetzung mit dem Nationalsozialismus, er verweigerte die Diskussion mit dem Sohn. Der verzweifelte und wütende Vorwurf Berts: „Was habt ihr nur für einen Mist gebaut!" und die Fragen: „Was habt ihr der Welt, was habt ihr uns Jungen da eingebrockt?" führten zu Streit und einem dauerhaft belasteten Verhältnis. Auch mit der Mutter konnte er nicht sprechen. Gerade sie, die den „Führer" verehrt, und an die „Vorsehung" geglaubt hatte, stand angesichts der Verbrechen, die im „Namen von Führer, Volk und Vaterland" geschehen waren, vor den Trümmern ihres Weltbildes. Bert ist überzeugt, dass diese innere Zerrüttung die Mutter auch körperlich zerstörte. 1948, als Bert heimkam, war seine Mutter bereits schwer an Krebs erkrankt. Schon aus diesem Grund waren Gespräche kaum möglich.

Mit dem Leid der Mutter kam er nicht zurecht. „Sie war das Liebste, das ich hatte, in ihrem Elend konnte ich einfach nicht bei ihr sein, ich konnte es nicht ertragen", sagt Bert. Dieses Nicht-Können ließ ihm fünf Jahrzehnte lang keine Ruhe. So lange, bis er 1999 – 73-jährig – eine Ausbildung zum Hospiz-Helfer absolvierte. In den 1980er Jahren saß er zwar an den Krankenlagern von Bruder, Schwester und Vater, die alle jeweils einem Krebsleiden erlagen. Auch er selbst wandelte als 66-Jähriger über Monate auf dem Grad zwischen Leben und Tod. Er war nach einer Operation mit Komplikationen ins künstliche Koma versetzt worden. „Aber erst durch die Hospiz-Ausbildung habe ich den Tod aushalten gelernt", sagt Bert, der danach viele Menschen, auch enge Freunde, in ihrem letzten Lebensabschnitt begleitete.

1951, als seine Mutter im Sterben lag, war Bert dazu noch nicht in der Lage.

Nach dem Abbruch des Theologiestudiums nahm er am Pädagogischen Institut in Esslingen die Ausbildung zum Lehrer auf. Die Begabung für diesen Beruf spiegelt sich in den Aufgaben wider, die Bert in den folgenden Jahren übernahm. Bereits 1956 wurde er zum Rektor der Volksschule Esslingen-Mettingen ernannt, im Ort seiner frühen Kindheit. 1960 kam seine Tochter zur Welt. Er engagierte sich nicht nur an der Schultafel, sein Engagement galt immer auch den Kindern und Jugendlichen selbst. Er setzte sich im Kreisjugendring ein und legte eine Ausbildung zum Schuljugendberater ab. Visionär etablierte er an seiner Schule einen Kinderhort, in Sorge um die „Schlüsselkinder", deren Eltern beide berufstätig waren. Er führte Arbeitsgruppen ein, in denen sich seine Schüler mit Fotografie, Filmen, Maschinenschreiben und einer eigenen Zeitung beschäftigten. Wer Bert kennt, weiß, dass er hier seine wahre Berufung fand.

So fruchtbar die Zeit in den 1960er Jahren beruflich war, so bedrückend empfand er sie für sich persönlich. Die Vergangenheit holte ihn immer wieder ein, die Nationalsozialisten, die Verbrechen, der Krieg, der Tod. Auch sein bester, toter Freund Walter wich nicht von ihm. Ihm hatte er ein Versprechen gegeben, er hatte es gehalten, er hatte sich um dessen Verlobte gekümmert. Er hatte Nähe zu Lissy aufgebaut, daraus war liebevolle Zuneigung entstanden. Dann hatte er die Frau geheiratet, die eigentlich sein Freund gewählt hatte. Er hatte eine Familie gegründet, in der er sich zunehmend fremd fühlte. Die Liebe zur Tochter konnte die innere Verzweiflung nicht aufheben. „Ich hatte den Eindruck, dass Walter immer dabei war; wir waren als Paar zu dritt. Es war, als führte ich das Leben eines anderen, ein fremdes Leben. Ich hätte es nicht überlebt", sagt Bert. 1965 entschloss er sich zum radikalen Schnitt. Er trennte sich von Frau und Kind und zog nach München. Die Tochter blieb bei ihrer Mutter. Letztere konnte den Bruch, den Schmerz bis zu ihrem Tod nie, die Tochter erst spät überwinden.

Bert arbeitete nun beim „Institut für Film und Bild in Wissenschaft und Unterricht" für die kommenden acht Jahre, war dann zwei Jahre beim Saarländischen Rundfunk tätig, denen eine zehnjährige Tätigkeit als Institutsrektor im Deutschen Museum folgte.

1973 heiratete er erneut: Rosemarie, seine große Liebe, die er, von der japanischen Gedichtform inspiriert, „Haiku" nennt. „Sie habe ich mir selbst ausgesucht; auf dieser Ehe lastet nicht die Hypothek der Vergangenheit", sagt Bert. Dennoch holte ihn auch danach seine Geschichte immer wieder ein. Haiku erzählt davon, dass er jahrelang mal stöhnend, mal schreiend aus dem Schlaf aufschreckte. Bilder aus dem Krieg suchten ihn heim.

Bert wurde Stiefvater von Udo, mit dem ihn bis heute ein vertrauensvolles Vater-Sohn-Verhältnis verbindet. Als sich Udo, in seinem Sabbatjahr, eines ehemaligen Klostergartens annahm, unterstützte ihn der damals 89-jährige Bert dabei. Für die wochenlange Gartenarbeit, die sich vier Jahre lang wiederholte, wohnten Vater und Sohn im Kloster Bad Wimpfen und verwandelten mit vielen anderen das ehemalige Brachland in ein blühendes Gemüse- und Blumenparadies. Bert ist dankbar, dass auch Vater und Tochter wieder zueinander gefunden haben. Er ist dankbar, dass er sich ihren Fragen stellte, sich ohne Skrupel seiner Vergangenheit zuwandte und seine Wege offenlegte. Er ist dankbar, dass seine Tochter seine Entscheidungen heute nachvollziehen kann. Er ist dankbar, dass er auch um ihretwillen seinen Rucksack und dessen Inhalt sichtbar machte. Dankbar ist er vor allem, dass seine Frau diese meist mühsamen Wege mit ihm gegangen ist und ihm oft Beistand und wegweisenden Rat gegeben hat.

Bert ist ein begnadeter Pädagoge. Das Geheimnis ist sein Talent zur Freundschaft. Er drängt sich nicht auf, lässt dem anderen die Freiheit, er selbst ist zuverlässig, wach und hilfsbereit. Seine Freundschaften überspannen Generationen. So verwundert es nicht, dass er auch nach seiner Pensionierung Ratgeber und Mentor blieb oder es wurde. Einer unserer Söhne fiel dem damals 86-jährigen Bert auf der Suche nach einem Nachhilfelehrer vor die Füße. Nach kurzem Bedenken ließ sich Bert auf eine „Probezeit" ein. Ich erinnere mich an meine Frage, wie das Engagement zu entlohnen sei. Bert hielt kurz inne und wandte sich dann meinem Sohn Jakob zu: „Für das, was ich hier tue, würden deine Eltern womöglich viel Geld bezahlen. Ich möchte keine Gegenleistung. Aber ich würde mir Eines wünschen: Dass auch du da bist, wenn jemand später deine Hilfe braucht." Aus den Nachhilfestunden, die mit dem aktuellen Lehrplan nur am Rande etwas zu tun hatten, entwickelten sich intensive Gespräche und Diskussionen mit dem damals 15-Jährigen. Die beiden besprachen Zeitungsartikel, unterhielten sich über neue Erkenntnisse in Forschung und Technik, erwogen Glaubensfragen. Der Junge übte ein, was Berts Umgang erforderte: Umsicht, eine ausgewogene und behutsame Betrachtung der Dinge und die Fähigkeit, das Erdachte in Worte zu fassen. Als er dann die Schule abschloss, fasste sich Jakobs jüngerer Bruder Carl ein Herz und griff zum Telefon mit der Frage, ob Bert die „Nachhilfestunden" bei ihm fortsetzen würde. Bert hatte im Stillen damit gerechnet und kam nun weitere Jahre einmal in der Woche in unser Haus, um eine Stunde lang bei einem Glas Wasser über die wichtigen Dinge des Lebens zu sprechen. Eine Randerscheinung dieser „Nachhilfestunden" war, dass die Noten der Jungen besser wurden. Das Wichtigste aber ist die tiefe Freundschaft, die sich zwischen dem heute 94-jährigen Bert und den inzwischen 19- und 22-jährigen Jungen entwickelte. Um die Kommunikation über Kontinente hinweg zu ermöglichen, ist sein Tablet tagsüber im weltweiten Netz und Bert für die Nöte und Fragen, für die Erlebnisse und Erzählungen der beiden fast rund um die Uhr erreichbar. Diese Freundschaft hat nicht nur die beiden jungen Männer geprägt. „Sie hat meinem Leben auch noch eine neue, ganz besondere Richtung gegeben." Bert lächelt. „Diese Kerle ..."– und das Wort „Kerle" schwingt, mit schwäbischem „ä", noch nach, mit all der Erfahrung und all der Weisheit darüber, was junge Menschen bewegt, und dass es für die großen, aber eben auch die kleinen Entscheidungen im Leben Nachdenken und Genauigkeit braucht.

„Das war ein Schmerz, den er kaum verwinden konnte"
Elisabeth Weber-Belling

Manchmal stößt Geschichte in Form unterschiedlicher Familienerzählungen aufeinander. Elisabeth Weber-Belling pflegt das Vermächtnis ihres Vaters, eines Künstlers im Exil, während ihr Mann zu ihrem Erstaunen mit einer mutigen Entscheidung seines Vaters, eines hohen Generals im Zweiten Weltkrieg, zeitlebens haderte.

Bayerisch-orientalisch: Zum Mittagessen gibt es Weißwürste mit Brezeln. Danach einen pechschwarzen Mokka, mit duftenden exotischen Gewürzen verfeinert. Türkischer Kaffee. Elisabeth Weber-Belling sprüht vor Tatendrang. Sie ist der Welt und den Menschen zugewandt, offen und impulsiv. So war es auch ein spontaner Impuls, mir zu schreiben, kaum hatte sie die letzte Zeile meines Buches gelesen. Elisabeth Weber-Belling kümmert sich seit 20 Jahren um den Nachlass ihres Vaters Rudolf Belling und arbeitet derzeit an seiner Biografie. Dieses Erbe empfindet sie nicht als Last, sondern als sinnvolle Aufgabe. Je mehr sie sich um Ordnung und Systematik, je professioneller sie sich um dieses Vermächtnis bemüht, desto leichter erscheint ihr der „Rucksack" ihrer Eltern, der im übertragenen Sinn eher einem Reisekoffer entspricht. Er füllt nun, vollständig ausgepackt, etliche Regale ihres Arbeitszimmers in Krailling. 1500 Briefe mussten gelesen, sortiert, katalogisiert, Adressaten herausgeschrieben und in einem Findbuch aufgelistet, ein Werkverzeichnis angelegt werden.

Elisabeth Weber-Belling wollte ihrer Familiengeschichte auf die Spur kommen. Ihr Interesse galt in erster Linie der Zeit, die vor ihrer Geburt lag. Sie wollte verstehen, was ihren Vater antrieb; auch wollte sie nicht zulassen, dass ausschließlich Außenstehende die Deutungshoheit über die politischen und künstlerischen Überzeugungen eines nahen Angehörigen für sich beanspruchten. In diesem Punkt fand sie sich in meinem Text wieder. Konkreter Anlass, mir zu schreiben, war die Erwähnung des Bildhauers Ludwig Thormaehlens in meinem ersten Buch, der auch mit Rudolf Belling bekannt war. Thormaehlen gehörte wie mein Großvater zum Dichterkreis um Stefan George und berichtete Belling in einem Brief: „Von den Folgen des 20. Juli bin ich wie durch ein Wunder verschont geblieben. Die Gestapo fand meine Briefe bei dem Grafen Berthold v. Stauffenberg nicht. Den Klaus v. Stauffenberg habe ich noch einige Wochen vor seinem Ende in der Bendlerstrasse aufgesucht. Es war ein Jammer, dass das Attentat nicht gelang und der Mann nicht am Leben geblieben ist."

Elisabeth Belling wurde im Jahr vor dem Attentat geboren. Sie kam in Istanbul zur Welt, wo das Licht etwas milder auf eine Wiege fiel als an vielen anderen Orten zu diesem Zeitpunkt. Viele Jahre hatte Elisabeth, wie sie heute sagt, gar keine Vorstellung von den weltgeschichtlichen Katastrophen, die in Deutschland ihren Anfang genommen hatten.

Es war ein Film, der der 17-jährigen Elisabeth die Augen öffnen sollte. Ihr Vater hatte im Jahr 1960 beschlossen, mit der ganzen Familie ins Kino zu gehen. Sie waren wie jedes Jahr seit Elisabeths elftem Lebensjahr in den Sommerferien zu Besuch in Deutschland. Die Familie reiste entweder im Auto über den Balkan an. Elisabeth sieht noch den Citroën vor sich, den Wagen, den sich die Familie von Freunden lieh. Sie kann sich sogar an das Auto-Kennzeichen erinnern: Istanbul 6878 und daran, wie der Wagen unter dem Gewicht der fünfköpfigen Familie und dem Gepäck ächzte, das aufgrund der zahlreichen, von türkischen Freunden georderten Anschaffungen auf dem Dachständer gestapelt wurde. Oder man reiste im Personendampfer von Istanbul nach Venedig oder Marseille an. In den Ferien zog die Familie dann von einer Stadt in die nächste, sie wohnte in Hotels und bei Freunden. Jetzt bestand der Vater darauf, dass Elisabeth mit Hilfe dieser preisgekrönten Dokumentation erfuhr, was in der jüngsten Vergangenheit in dem Land geschehen war, das sie als Tochter eines Emigranten durchaus als Heimatland empfand. Elisabeth lebte zwar bis zu ihrem 20. Lebensjahr in der Türkei, aber als Tochter einer Italienerin und eines Deutschen steckten Elisabeths Wurzeln zur Hälfte in Deutschland.

Den Film sah Elisabeth in Stuttgart. Ihre Eltern, ihr Halbbruder und Edith Friedlaender, die Schwester der ersten Ehefrau ihres Vaters – sie war eigens aus dem Ausland angereist –, waren auch dabei. Das weiß Elisabeth noch, und wie ungläubig und fassungslos sie danach aus dem Kino wankte. Es war eine Dokumentation. Schwarzweiße Originalaufnahmen, eindrücklich, schonungslos. Elisabeth erinnert sich an den Titel: „Mein Kampf. So wie Hitlers Buch. Wie könnte man ihn vergessen?", fragt sie. So lässt sich das Werk leicht finden, das auch heute noch als DVD erhältlich ist und den man in Ausschnitten bequem im Internet ansehen kann. Er offenbart die Folge dessen, was Hitler in seinem Buch in einer kruden Logik entwickelt, angekündigt und gefordert hatte. Hier wurde die nationalsozialistische Ideologie anschaulich, hier zeigte sich, dass die Gesetzmäßigkeit einer auf Unterwerfung, Judenhass und Rassenwahn gründenden Theorie tatsächlich Wirklichkeit geworden war. Elisabeth sah den Film vor 60 Jahren, die Bilder gehen ihr aber nicht mehr aus dem Kopf: begeisterte Menschenmassen, marschierende SS-Verbände, Jubel, Fanatismus, Kriegsszenen in Polen und Frankreich, und am Ende Berge von ermordeten Menschen in den Konzentrationslagern. Filmsequenzen aus den Jahren 1914 bis 1945 reihen sich aneinander. Die nüchterne, distanzierte Stimme eines Kommentators, ganz im Stil eines Nachrichtensprechers, begleitet die Bilder, benennt Daten und Namen, benennt das Unbeschreibliche. Der Regisseur Erwin Leiser war selbst jüdischer Herkunft und musste als Jugendlicher mit seinen Eltern nach den Pogromen im November 1938 nach Schweden emigrieren. Sein Film sollte – so kann man es in einem *ZEIT*-Artikel aus dem Jahr 1960 lesen – die damalige Jugend aufklären und den „unbefriedigenden ausweichenden, verschämten Antworten ihrer Eltern und Lehrer" etwas entgegensetzen.

Elisabeth aber hatte eigentlich gar keine Fragen gehabt, bevor ihr Vater beschloss, mit der Familie ins Kino zu gehen. Danach, und das weiß Elisabeth noch genau, saßen alle in einem Restaurant beisammen und sprachen über das, was sie gesehen hatten. Elisabeths Entsetzen und Unglauben, dass in Deutschland solche Dinge möglich waren, waren groß. So schien der Vater die Tochter entlasten zu wollen mit dem, was er weiter zu berichten wusste – einerseits. Andererseits hatte Elisabeth ihren Vater an diesem Abend zum ersten Mal deprimiert erlebt: „Ich kannte ihn so nicht", erinnert sie sich. Denn er erzählte nun „in drastischen Worten" vom „anderen Deutschland", vom Schicksal der Menschen, die sich gegen das Regime und gegen die Ideologie des Nationalsozialismus auflehnten, und davon, dass es einen gewaltsamen Umsturzversuch gegeben habe. Es war das erste Mal, dass sie in diesem Zusammenhang den Begriff „Widerstand" vernahm, sie wird die Worte ihres Vaters an diesem Abend nie vergessen.

Am Ende der Sommerferien reiste sie mit diesen erschütternden Erkenntnissen zurück nach Istanbul. „Im Geschichtsunterricht an der deutschen Schule waren dann wieder mal Pippin, die Staufer-Friedrichs oder ein König Otto Thema. Die Weimarer Zeit und alles, was danach in Deutschland geschah, wurde mit keinem Wort erwähnt", erinnert sich Elisabeth Weber-Belling. Sie hatte gewusst, dass ihr Vater aus politischen Gründen nicht in Hitlers Deutschland leben und arbeiten konnte, mehr nicht. Sie war geschützt in der Emigration aufgewachsen, in einer bildungsbürgerlichen, internationalen Atmosphäre, geliebt und behütet von der italienischen Großfamilie ihrer Mutter, umsorgt von der griechischen Großfamilie der Haushälterin, der Fürsorge der Eltern und des 15 Jahre älteren, geliebten Halbbruders Thomas, den sie Tommi nennt. Elisabeth lebte mit ihrer Familie in einem großzügigen Mietshaus der Jahrhundertwende in der Innenstadt, direkt am Taksim-Platz, in der Nähe des Gezi-Parks.

Nicht nur, dass Elisabeth mehrere Sprachen – Deutsch, Italienisch, Türkisch, Griechisch und Französisch – gleichzeitig erlernte, sie verinnerlichte auch all die kulturellen und religiösen Traditionen, Bräuche und Gebete ihres griechisch-orthodoxen, muslimischen und katholischen Umfelds. Nur ihre eigene, evangelische Konfession, in der sie – wie sie sagt – erst „Jahre später stehenden Fußes" getauft wird, blieb ihr zunächst fremd. Ihr Vater hielt sich mit religiöser Praxis zurück und äußerte sich wenig. In Elisabeths Gedächtnis hatten sich Worte ihres Vaters eingebrannt, die sich auf Sätze Immanuel Kants bezogen.

Sie standen damals, Jahre nach dem Krieg, beide auf dem Deck eines Passagierdampfers auf der Überfahrt in die alljährlichen Sommerferien. Die Tochter kann noch heute auswendig, was ihr Vater damals sagte und was ihrer Ansicht nach dem Motto entsprach, nach dem er lebte und nach dem er seine Kinder erzog: „Zwei Dinge sind es, die mich bewegen: das eine ist der bestirnte Himmel über mir und das andere das moralische Gesetz in mir." Elisabeth Weber-Belling sagt, dass sie bis heute in fünf Sprachen fühlt, denkt und heult. „Und betet", fügt sie noch hinzu. Als die Bedrohung durch das Coronavirus die ganze Welt erfasste, stieß sie im Telefongespräch mit einer türkischen Freundin dieses Stoßgebet aus: „Ay gördüm, Allah, aylar mubarek olsun, Amintübillah." – „Ich habe den Mond gesehen, Gott, die vor uns liegenden Monde mögen nur voller Segen sein."

Istanbul war zur Zeit von Elisabeths Geburt „kriegsfern", wie sie in ihren Kindheitserinnerungen schreibt. Die Türkei pflegte mit dem „Dritten Reich" zwar diplomatische, wirtschaftliche und militärische Beziehungen, war aber immer neutral geblieben. Sie hielt ihre Neutralität bis kurz vor Kriegsende aufrecht, als sie sich schließlich an die Seite der Alliierten stellte und Deutschland den Krieg erklärte. Das Land hatte viele Emigranten aufgenommen, die vom nationalsozialistischen Regime verfolgt wurden und die sich mit ihren Familien ins Ausland retteten. Die Türkei nahm in erster Linie jüdische Wissenschaftler auf, die im Rahmen der Reformen Atatürks das türkische Bildungswesen und die Universitäten modernisieren sollten.

Als im Jahr 1936 auch die Leitung der Abteilung Bildhauerei an der Akademie der Schönen Künste in Istanbul zu besetzen war, schlug die Preußische Akademie der

Künste dem türkischen Kultusministerium drei Personen für die Professur vor. Man entschied sich für Rudolf Belling, Elisabeths Vater. Der Berliner hatte sich in den 1920er Jahren internationale Reputation als Künstler erworben. Schon im Jahr 1924 hatte er seine Werke in der Berliner Nationalgalerie ausgestellt. Die Würdigung in einem der wichtigsten Museen Deutschlands stellte einen Höhepunkt in Bellings künstlerischer Laufbahn dar. „Er war ein Pacemaker", ein Vorreiter in dem, was er schuf, sagt seine Tochter. Die Skulptur „Dreiklang" gilt als erstes kubistisch-abstraktes Werk in Deutschland, das Belling einen Platz in der Kunstgeschichte sichert. Sein Schaffen umspannt jedoch noch mehr: Er erdachte beispielsweise die Maske und die helmartige Frisur des Golem im gleichnamigen Stummfilm von Paul Wegener, er gestaltete „Moden-Plastiken", schlanke, gesichtslose, avantgardistische Schaufensterpuppen, die er patentieren ließ. Auch schuf er Porträts und war als Designer tätig. „Insofern handelt es sich bei ihm nicht nur um einen Künstler, sondern auch um einen Erfinder, eine Vielfachbegabung", schreibt der Direktor der Berliner Nationalgalerie, Udo Kittelmann, im Katalog zur jüngsten Retrospektive Bellings im Jahr 2017, die nicht zuletzt Elisabeths unermüdlicher Vorarbeit und Kontaktfreude zu verdanken war.

Bellings Kunstauffassung, Experimentierfreude und seine Ablehnung jeglichen Dogmatismus musste ihn in Konflikt mit dem nationalsozialistischen Kulturbetrieb bringen. Nach 1933, nach der Machtübernahme Hitlers, konnte er kaum an seine Erfolge in den Jahren zuvor anknüpfen. Auch war Belling mit zwei Werken, „Dreiklang" und „Kopf in Messing", in der Ausstellung „Entartete Kunst" im Juli 1937 in München vertreten. Hier war die Kunst, die wir heute als klassische Moderne feiern, an den

Pranger gestellt. So hatte sich das Hitler gewünscht und Hunderte von Werken aus Museen beschlagnahmen lassen, um die verfemten Werke geächteter Künstler in einer Wanderausstellung in verschiedenen deutschen Städten dem Publikum als abschreckendes Beispiel, als „entartet" zu präsentieren. Gleichzeitig wollte Hitler seinen Geschmack, seine Auffassung von „wahrer" und „nationaler" Kunst prächtig und machtvoll im Münchner Haus der Kunst demonstrieren, das eigens für die „Große Deutsche Kunstausstellung" gebaut worden war. Und auch hier begegnete man dem Werk Bellings. Hier wurde die realistische Skulptur des Boxers Max Schmeling aus dem Jahr 1929 gezeigt, der die Gunst des nationalsozialistischen Regimes genoss. Als sich die Beschwerden über die Widersprüchlichkeit des Umgangs mit Bellings Objekten häuften, entfernte man den „Dreiklang" und den „Kopf in Messing" aus der Ausstellung „Entartete Kunst".

Elisabeths Vater, 1886 geboren und 1972 gestorben, hatte schon über die Hälfte seines Lebens hinter sich, als er das rettende Angebot der Akademie der Schönen Künste annahm und 1937, im Jahr der „entarteten Kunst" und sechs Jahre vor Elisabeths Geburt, in die Türkei emigrierte. Kurz danach erhielt er die Aufforderung, aus der Preußischen Akademie auszutreten. Zu diesem Zeitpunkt war Belling bereits in Istanbul. Seine Antwort war prompt und kam telegraphisch: „Erkläre Austritt. Belling."

Bellings erste Ehe mit Toni Friedlaender, die aus einer jüdischen Kaufmannsfamilie stammte, war bereits 1935 geschieden worden. Ihr Sohn Thomas war 1928 geboren worden. Toni, die als Tänzerin den Künstlernamen Toni Freeden führte, muss eine bezaubernde, freisinnige Frau und exaltierte Künstlerin gewesen sein. Die Ehe, die schon seit Jahren nur noch auf dem Papier bestand. scheiterte. Die Scheidung ausgerechnet im Jahr der nationalsozialistischen Rassengesetze könnte ein schlechtes Licht auf Rudolf Belling werfen. Für die Jüdin Toni hätte die Trennung von ihrem nichtjüdischen Mann lebensbedrohlich werden können. Das mag manch ein Kritiker ihrem Vater als politischen Opportunismus auslegen, dessen ist sich Elisabeth Weber-Belling schmerzlich bewusst. „Aber auch in Krisenzeiten können Beziehungen einfach scheitern, aus den gleichen Gründen wie sonst auch." Die beiden waren auch nach Trennung und Scheidung eng befreundet. Zudem war die Familie Belling mit Tonis Schwester Edith und ihrem Sohn Hans immer verbunden geblieben, eine Verbundenheit, die zwischen den Familien bis heute existiert.

1938 heiratete Toni Friedlaender ihren englischen Freund und wanderte mit ihm nach China aus. Sohn Thomas besuchte von 1935 bis 1938 ein Schweizer Internat. Die Entfernung zum Vater, der seinen Sohn zwar immer wieder in der Schweiz besuchte, und die Gefährdung für ein Kind mit jüdischer Mutter waren zu groß, so dass Belling schließlich die Reise seines Sohnes von Berlin nach Istanbul organisierte, die in der Weihnachtszeit des Jahres 1939 stattfand. Der Elfjährige trat diese Odyssee allein an. Wie man in Tommis Tagebucheinträgen lesen kann, empfand er diese waghalsige Expedition nach Kriegsbeginn quer durch Europa als ein großes Abenteuer. Elisabeth erzählt die Geschichte in bunten Farben so lebensnah, als hätte sie die ganze Zeit im Flugzeug und in der Eisenbahn neben ihrem Bruder gesessen und als hätten die Ereignisse nicht sechs Jahre vor ihrer Geburt stattgefunden. Die Geschichte wurde immer und immer wieder erzählt, sie fand Eingang in die lebendige Familienhistorie.

1942, in dem Jahr, in dem Toni Friedlaender in der chinesischen Emigration ihrem langjährigen Tuberkulose-Leiden erlag, heiratete Rudolf Belling die 25-jährige deutsch-italienische Yolanda Manzini, deren Familie in Istanbul ansässig war.

Auch wenn man sich in Sicherheit wähnte, der Krieg, der die Welt erschütterte, hatte Auswirkungen auf das tägliche Leben am Bosporus, in das Elisabeth hineingeboren wurde. Nicht nur waren die Ressourcen, wie zum Beispiel Kohle, im eisigen Winter 1943/44 zum Heizen knapp, so dass man sparsam mit Holz einen einzigen Wohnraum warm zu halten versuchte. Der Schwarzmarkt blühte und gewöhnliche Dinge wie Seife und Toilettenpapier waren kaum zu erwerben. Manche Lebensmittel wurden rationiert und waren nur mit Marken erhältlich. Dennoch, die Probleme der täglichen Grundversorgung waren im Vergleich zu vielen anderen Plätzen der Welt marginal. Bellings mussten nicht hungern. Für Elisabeths Familie eher problematisch war die politische Gemengelage: In der deutschen Kolonie brodelte die Gerüchteküche. Viele Nationalsozialisten besetzten Dienststellen und Ämter. Belling schien manch einem dort ein Dorn im Auge gewesen zu sein. Er hatte gehört, dass man ihn und seine Familie zwingen wolle, nach Deutschland zurückzukehren. Um dies zu erreichen, so raunte man in deutschen Kreisen, solle sein kleines Töchterchen entführt werden. Bei Ausfahrten flankierten fortan die italienischen Onkels, die stattlichen Brüder Yolanda Bellings, den Kinderwagen.

1944 wurde bei Luftangriffen nicht nur Bellings Atelier, sondern auch sein Wohnhaus in Berlin zerstört. Die meisten seiner Werke, die er in Deutschland zurückgelassen hatte, waren verloren. Im August desselben Jahres brachen endgültig die diplomatischen Beziehungen zwi-

schen Deutschland und der Türkei ab. Bellings packten
die Koffer und stellten sich auf eine Zwangsevakuierung
ein. Es kam aber anders. Sowohl das türkische Innenmi-
nisterium als auch die Akademie der Schönen Künste in
Istanbul sprachen sich einhellig dafür aus, dass Rudolf
Belling auch weiterhin die Abteilung Bildhauerei an der
Akademie leiten sollte. Sicher nicht zuletzt deshalb, weil
er zwei Standbilder des damaligen türkischen Präsidenten
Ismet Inönü schuf und sich mit Inönü befreundete.

Nach 1945 hatte Rudolf Belling gehofft, dass seine Mit-
wirkung bei der Wiederbelebung des Kulturbetriebs in
Deutschland, dass seine Präsenz in seiner Heimatstadt
Berlin erwünscht sei. „Dem war aber nicht so", erzählt
seine Tochter. Man schien ihm, ausgerechnet dem Emigranten, Nähe und Sympathie zum Nationalsozialismus
zu unterstellen. Elisabeth Weber-Belling sagt: „Das war
für meinen Vater die zweite Ächtung seines Werks und
seiner Person. Das war ein Schmerz, den er kaum verwin-
den konnte." Waren es zwischenmenschliche Animositä-
ten oder Missgunst, weil es den Bellings in der Emigration vergleichsweise gut ging? War es sein Werk, das auf
Ablehnung stieß, weil es sowohl Abstraktion wie monu-
mentalen Realismus einschloss? Erwarteten die Künstler-
kollegen und die kulturpolitischen Autoritäten nach 1945
eindeutige Haltungen, eine eindeutige Position? Waren es
Intrigen und Machtkämpfe um die raren Posten in Berlin?
So erklärt sich Elisabeth die Missachtung ihres Vaters und
empfindet sie als große Ungerechtigkeit. Dies ist auch der
Grund, warum sie sich seit 20 Jahren darum bemüht, das
Lebenswerk ihres Vaters in Erinnerung zu rufen.

Seit 1951 besuchte Rudolf Belling regelmäßig Deutschland, hielt Vorträge und traf mit früheren Kollegen zusam-

men. Sein über Jahre gehegter Wunsch, wieder in Berlin arbeiten und leben zu können, ging nicht in Erfüllung. Der Erste, der seine Zelte ganz in Deutschland aufschlug, war Elisabeths Bruder Thomas, der in der Türkei sein Architekturstudium abgeschlossen hatte. Zunächst wurde er in Stuttgart und später in München tätig. Elisabeth selbst kam im Jahr 1963 ebenfalls nach München, um an der renommierten „Schmidt-Schule" eine Ausbildung zur Übersetzerin zu beginnen. Ihre Eltern bauten in Krailling zu Beginn der 1960er Jahre ein Haus, das Elisabeth Weber-Belling bis heute bewohnt. Sie schufen sich in Deutschland in der Nähe des Wohnorts ihres Sohnes ein helles, gastfreundliches Domizil mit einem separaten, lichtdurchfluteten Atelier im Garten. Hier arbeitete Rudolf Belling bis zu seinem Tod im Jahr 1972. Als er und seine Frau im Januar 1966 endgültig nach Deutschland zurückkehrten, nahm nur Elisabeth die Eltern in Empfang. „Tommi ist zuhause geblieben, er hat Bauchschmerzen", teilte die Tochter den Neuankömmlingen damals mit. Die Schmerzen entpuppten sich als eine Tumorerkrankung, der der 38-Jährige in wenigen Monaten erlag. Ein schwerer Schicksalsschlag zu einem Zeitpunkt, der doch eigentlich ein neuer, verheißungsvoller Lebensabschnitt für die ganze Familie hätte werden sollen. Rudolf Belling lehrte fortan nur mehr privat. Es entstanden noch zwei Großplastiken, öffentliche Auftragswerke, darunter das „Blütenmotiv als Friedenssymbol" von 1969, als „Schuttblume" bezeichnet und seinerzeit nicht unumstritten. Es war vom Deutschen Gewerkschaftsbund und der Landeshauptstadt München für den Olympiaberg gestiftet worden. Das Mahnmal war den zivilen Opfern des Luftkriegs des Zweiten Weltkriegs gewidmet.

Elisabeth arbeitete nach ihrer Ausbildung in verschiedenen Firmen als Sekretärin und Übersetzerin. 1975 heiratete sie Wolf Weber, der in leitender Funktion in der Personalabteilung des Unternehmens Osram tätig war. Er, im Jahr 1926 geboren, hatte seine spätere Frau als 17-jähriges Mädchen in Istanbul kennengelernt und seitdem umworben. „Damals habe ich das gar nicht bemerkt und dann erstmal nicht so recht ernst genommen", erzählt Elisabeth Weber-Belling. „Als der Vorstand von Osram mitkriegte, dass der Weber in fortgeschrittenem Alter nun doch noch geheiratet hat und auch noch eine Frau, die fließend Türkisch spricht, wurde ich schnurstracks abgeworben." Man benötigte dringend eine Kontaktperson, die zwischen Arbeitgeber und den Gastarbeitern der Firma, in erster Linie türkischen Arbeitnehmern, vermittelte und Übersetzungsdienste leistete. Diese Zeit möchte Elisabeth nicht missen, „das waren hinreißende fünf Jahre. Eine wunderbare Aufgabe. Darin bin ich absolut aufgegangen." Zunächst richtete sie eine Sprechstunde ein, in der türkische Arbeitnehmer ihre Sorgen, ihre Klagen über den Arbeitsplatz oder Unstimmigkeiten mit den Vorgesetzten loswerden konnten. Elisabeth Weber-Belling erfuhr, dass sich viele Menschen schwer in den deutschen Arbeitsalltag einfanden. Auch hausten sie zum Teil unter miserablen Bedingungen, was sich auf ihre körperliche und seelische Verfassung niederschlug. Das Unternehmen hatte mit hohen Krankenständen ihrer Angestellten zu kämpfen. Unterschiedliche Mentalitäten prallten aufeinander: „Die Deutschen – mit ihrer unumwundenen Art, etwas zu kritisieren – und auf der anderen Seite die Orientalen, die damit nicht ganz klarkamen."

Das Ehepaar lebte zunächst einige Jahre in Berlin, dann zog es nach München. „Die gute Bergluft", meinten Freunde, als 1983 und 1985 die Kinder Gero und Silvia recht schnell hintereinander geboren wurden. „Humorvoll, sanft, liebevoll; ein hingebungsvoller Ehemann und Vater, ein sehr guter Psychologe." So spricht Elisabeth von ihrem Mann, mit dem sie 36 Jahre eine gute und insgesamt harmonische Ehe führte. Er starb 2011 an einer Leberererkrankung; Spätfolgen einer schweren Hepatitis, die er sich im Krieg zugezogen hatte.

Mit 17 Jahren war Wolf Weber von der Schulbank zum Reichsarbeitsdienst und drei Monate später zur Wehrmacht eingezogen worden. Den Krieg erlebte er 1945 an der Ostfront in Brünn, zuletzt als Fahnenjunker. Nach der Kapitulation im Jahr 1945 geriet er in russische Gefangenschaft, in der er unter anderem in einem Ziegeleikombinat bei Moskau, dann bei einem Transportkommando bei minus 42 Grad arbeiten musste. Über diesen Lebensabschnitt ihres Mannes weiß sie zwar einige, äußere Daten. Über die innere Verfassung ihres Mannes in jener Zeit kann aber Elisabeth kaum etwas sagen. Dies ist umso erstaunlicher, als der Zweite Weltkrieg einen der wenigen Konfliktstoffe in sich barg, der die Ehe von Beginn an belastete. Elisabeths Schwiegervater, Friedrich Weber, war einige Monate vor ihrer Hochzeit mit Wolf gestorben. Er hatte sich nach dem Krieg der Erwachsenenbildung gewidmet, war an der Gründung der Volkshochschule Deggendorf beteiligt und hatte sich in verschiedenen übergeordneten Gremien der bayerischen Volkshochschulen engagiert. Im Zweiten Weltkrieg war Friedrich Weber bis zum Generalleutnant aufgestiegen. Besonders in der Familie und im Bekanntenkreis begegnete man ihm mit einer gewissen Ehrfurcht. Elisabeth erinnert sich an umherflatternde Damen, wenn es hieß, der „General" käme. Auch ihr Mann schien seinen Vater als Offizier zu bewundern.

Eines Abends saß das frisch vermählte Ehepaar in seiner Berliner Wohnung beisammen, niemand sonst war anwesend, als Elisabeth den Berichten ihres Mannes über das Schicksal seiner Familie lauschte und hörte, was sie damals und bis heute beeindruckt und für ihren Schwiegervater einnimmt: Friedrich Weber war vom 20. Dezember 1944 bis 25. Januar 1945 Kommandeur der Festungs-Division Warschau gewesen, als er einem Erlass Hitlers zuwiderhandelte. Dieser lautete, die Festung Warschau bis zum letzten Mann zu halten, die bereits von den sowjetischen Streitkräften eingeschlossen war. Stattdessen führte der Generalleutnant die Besatzung, auch die Verwundeten, zur deutschen Kampflinie zurück, wozu er die russische Front durchbrechen musste. Nur wenige Soldaten – so Elisabeth Weber-Belling – verloren dabei ihr Leben. Ihr Schwiegervater wurde daraufhin offiziell in die Führerreserve versetzt. Eine Maßnahme, die zunehmend politisch oder fachlich unerwünschten Offizieren galt. Außerdem wurde er vom Reichskriegsgericht zu drei Jahren Festungshaft verurteilt, eine Strafe, die allerdings zur „Frontbewährung" ausgesetzt wurde. Elisabeth erinnert sich noch an ihre Begeisterung darüber, dass ihr Schwiegervater einen unmenschlichen, unsinnigen Befehl verweigert, dass er durch seine Entscheidung und sein Handeln viele Menschenleben gerettet hatte. Erst nach einer Weile hatte sie die Reaktion ihres Mannes wahrgenommen: „Ihm war der Kinnladen runtergeklappt; ich war be-geistert und er war ganz und gar ent-geistert. Eigentlich entsetzt." Wie könne sie nur, so fragte er sie damals und danach immer wieder, wie könne sie nur dieses Verhalten gutheißen? Sein Vater habe schließlich einen Eid gebrochen, indem er Hitlers Befehl verweigert hatte. Er könne sie nicht verstehen. Den Eidbruch müsse man prinzipiell ablehnen. Diese Überzeugung Wolfs würde sich all die Jahre nicht ändern, ebenso wie Elisabeths Unverständnis darüber.

Alle Männer, die während der nationalsozialistischen Herrschaft zum Kriegsdienst eingezogen worden waren, hatten seit 1935 einen Eid auf Adolf Hitler ablegen müssen: „Der deutsche Soldat schwört: Ich schwöre bei Gott diesen heiligen Eid, daß ich dem Führer des Deutschen Reiches und Volkes, Adolf Hitler, dem Obersten Befehlshaber der Wehrmacht, unbedingten Gehorsam leisten und als tapferer Soldat bereit sein will, jederzeit für diesen Eid mein Leben einzusetzen."

Wer sich weigerte, Kriegsdienst zu leisten, wurde mit dem Zuchthaus bestraft, dem, der bei seiner Weigerung blieb, drohte die Todesstrafe.

So musste auch Elisabeths Ehemann einen Eid abgelegt haben, als er als junger Mann zum Kriegsdienst eingezogen wurde. Hat er später mit seinem Vater die Eid-Frage diskutiert? Hatten eigene Entscheidungen Wolfs im Krieg damit zu tun, dass er den Eidbruch seines Vaters so vehement ablehnte? Angesichts von „Wolfs Starrköpfigkeit" hatte Elisabeth diese Fragen in den vielen Jahren ihrer Ehe nie gestellt. „Leider nicht", sagt sie heute. Die beiden kamen nie über den Punkt hinaus, sich über die Sichtweise des jeweils anderen zu empören. Heute wundert sich Elisabeth selbst darüber, wie wenig sie nachgehakt hat. Sie bedauert, ihren Mann nicht um eine Erklärung gebeten zu haben, was ihm an der Eid-Frage so wichtig gewesen sei. All diese Fragen tauchen nun nach und nach an der Oberfläche auf. In seinen letzten Lebensjahren hatte Elisabeth dieses Thema gänzlich vermieden, um die Beziehung mit Wolf nicht mit diesem immer gleichen, unlösbar scheinenden Streitpunkt zu belasten. Und – so räumt sie ein – es hätte für ihre beiden Kinder schwierig gewesen sein können, sich mit der Neugier der Nachgeborenen der Zeit des Nationalsozialismus zu nähern. Sie spürte, dass sich Gero und Silvia mit Fragen zurückhielten.

Sohn Gero, der nach dem Psychologie-Studium heute als Coach arbeitet, sieht es anders. In seiner Wahrnehmung gewann er durch seinen Vater und die mütterlichen Großeltern unterschiedliche Perspektiven auf die jüngste deutsche Geschichte. Dafür ist Gero dankbar. In der Schule waren diese Themen allseits präsent. So sehr jedoch, dass seine Freunde und er angesichts dieses thematischen Dauerrauschens eine Art von Übersättigung verspürten. Es war doch allgemeiner Konsens, dass diese Zeit schrecklich gewesen sei, so dachte er lange Zeit. Nun schockieren ihn die extremistischen, immer unverhohlener zur Schau getragenen Tendenzen der jüngsten Zeit. Ihn erschreckt das Gedankengut, das er überwunden glaubte. Er hatte das nicht für möglich gehalten. Gero hatte im Gegensatz zu vielen Freunden mit weit jüngeren Vätern einen direkten, persönlichen und emotionaleren Zugang zur Zeit des Nationalsozialismus, da sein Vater diese noch als junger Erwachsener erlebt hatte. Aber anders als die Mutter konnte sich der Sohn den Erfahrungen des Vaters viel unbedarfter, vielleicht sogar vorurteilsloser nähern. Das Militär war ein wichtiger Teil von Wolfs Lebenswelt, dessen Bedeutung, dessen Ehrbegriffe, jenseits der nationalsozialistischen Verbrechen, jenseits politischer Instrumentalisierung, für den Vater Gültigkeit besaßen. Gero selbst konnte sich mit ihm darüber austauschen, nachdem er bei der Bundeswehr gewesen war. Und manches konnte Gero nachvollziehen: Disziplin und Pflichterfüllung seien auch heute noch Wesensmerkmale militärischer Strukturen, grundsätzlich Voraussetzung für das Funktionieren solcher Institutionen. Für den Vater sei es problematisch gewesen, dass in der Gesellschaft zunehmend „Befehlsverweigerung" und „Eidbruch" unkritisch gefeiert und damit das Dilemma ausgeblendet wurde, das mit solch einer Entscheidung einherging. Wie seine Mutter weiß er allerdings kaum Konkretes, nichts darüber, inwiefern sein Vater im Krieg mit Grenzsituationen konfrontiert war. Die eigenen Emotionen habe er wie durch eine Schwelle nach außen abgetrennt, sagt sein Sohn.

Mutter und Sohn stimmen darin überein, dass Wolf Weber seine Gefühle nicht zeigen konnte. „Vielleicht war das auch der Grund, warum ich mich nach dem Tod meiner Mutter im Jahr 2000 vollends in die Aufarbeitung meiner eigenen Familiengeschichte gestürzt habe. Das war für mich eindeutiger", sagt Elisabeth. Der eine Rucksack, der ja eigentlich ein Belling'scher Reisekoffer war, scheint weitgehend ausgepackt zu sein. Der Weber'sche Rucksack hingegen, der mit unbekanntem Inhalt, liegt noch im Keller. Dort lagern etliche Briefe von Elisabeths Mann und dessen Eltern. Gero hatte nach dem Tod des Vaters ein Aufnahmegerät gefunden, in das dieser offenbar seine Kriegserlebnisse sprechen wollte. Die Aufnahme bricht nach zehn Sekunden ab. So bleiben nur noch die Aufzeichnungen im Keller. Diese haben bisher weder Wolfs Ehefrau noch seine Kinder angesehen. Eine Aufgabe, die sich Elisabeth Weber-Belling für die Zukunft vorgenommen hat.

„Wie sind wir belogen und betrogen worden!"
Hans Niederer

Desillusioniert und entwurzelt kommt der begeisterte Hitlerjunge Hans Niederer nach Kriegsende auf den Tierberg, wo er liebevoll aufgenommen wird – und wo er auch meine Großmutter, meinen Vater und seine Geschwister kennenlernt. Der „heimatlose Knecht" überwindet seine Trostlosigkeit.

Pastellige Farben, Wiesen, Obstbäume, Baumgruppen am Bildrand, lange Schatten, darin eingebettet eine Hofstelle. Verblasst im Dunst des Hintergrunds sind die Umrisse des Mittelgebirges der Schwäbischen Alb zu sehen. Das Foto vom Hofgut Tierberg war vor vielen Jahrzehnten aufgenommen worden und befand sich nun im Anhang einer E-Mail, die Hans Niederer seinem Sohn Lutz diktiert hatte. Der 14-jährige Hans war am 1. April 1946 an diesem Ort gelandet, als „heimatloser Knecht", wie er sich selbst rückblickend bezeichnet. Als der Junge bei der Familie Weiß auf dem Tierberg eintraf, hatte die Trostlosigkeit, hatte das Umherirren ein Ende. Hier konnte er endlich zur Ruhe kommen. Als Hans Niederer das erste Mal an diesen Ort kam, bot sich ihm genau die Perspektive, die das Foto verewigt hatte: der Blick dessen, der von der Albhöhe herab auf das Gehöft zusteuert. „Ihr Buch hat unzählige Erinnerungen an diese Zeit bei mir geweckt", schrieb er.

Der Tierberg grenzt an den Albstädter Ortsteil Lautlingen, die Heimat meines Großvaters Claus Graf Stauffenberg und seiner Brüder. Dort befindet sich das großzügige Elternhaus, in dem sich die Überlebenden der Familie – insgesamt drei Frauen und sieben Kinder – nach dem Krieg vereinten und sich gegenseitig beistanden. Hier fand meine Großmutter Nina Gräfin Stauffenberg, deren eigenes Haus in Bamberg nach dem 20. Juli 1944 geplündert und schwer beschädigt worden war, für die folgenden acht Jahre Unterschlupf bei ihrer Schwiegermutter. Familie Weiß hatte den Hof auf dem Tierberg von den Stauffenbergs gepachtet und bewirtschaftet. Regelmäßig, so erinnert sich Hans Niederer, lud Frau Weiß die Stauffenbergs, so auch meine Großmutter, sonntags zum Mittagessen auf den Tierberg ein, wo der Junge in der großen Wohnstube auf die junge Witwe mit ihren fünf Kindern traf. „Des muss m'r sich mol vorschtelle", sagt der heute 88-Jährige Hans Niederer, ein großer stattlicher Mann, dessen breitem Rücken man nicht nur die aktive Sportbegeisterung, sondern auch die schwere körperliche Arbeit in jungen Jahren ansieht. Selbst die Kopfverletzung, die er sich kürzlich bei einem Sturz zugezogen hat, nimmt er sportlich: Eine altgediente Wollmütze wurde lässig über die verwundete Stelle gezogen und verdeckt den Verband. Fürs gemeinsame Foto zieht Hans Niederer dann eine schneidige Schiebermütze auf. Er versichert sich sogleich, ob sein Schwäbisch gut verständlich sei, und wiederholt: „Des muss m'r sich mol vorschtelle. Da trifft dr ähemalige begeischterte Hitlerjunge, der am liebschte sei Läbe für den hochverährte Führer g'opfert hätt, auf die Familie des Mannes, der versucht hod, dem Äländ ä End zom setze." Die turbulenten Zusammenkünfte mit den vielen Kindern hat Hans Niederer in lebhafter Erinnerung: „Unter anderem, dass ich auch einem Ihrer Onkel, oder vielleicht sogar Ihrem Vater, eine Backpfeife verpasst habe. Ich bitte dies nachträglich zu entschuldigen", Hans Niederer lächelt spitzbübisch, lässt dann das amtliche Hochdeutsch sein und fügt hinzu: „Warum, weiß i nimm'r. Die hen halt gscheid gnervt on ebbes dahergschwätzt, die Bube." Die Zeit auf dem Tierberg prägt ihn bis heute. Vor allem der Fürsorge der Familie Weiß hat er viel zu verdanken, die ihn in ihre Familie aufnahm, als habe er immer schon dazugehört. „Die waren nicht nur Christen vom Namen her. Die waren wirklich christlich, vom Tun her. Dadurch habe ich werden können, was ich geworden bin, sonst wäre ich verloren gewesen."

Es sind besonders die Kriegsjahre und die frühe Nachkriegszeit, die ihn bis heute nicht loslassen. Je älter er wird, desto öfter denkt er daran zurück, was er als Kind und Halbwüchsiger erlebt hat. Seit seinem zehnten Lebensjahr war der Junge sich selbst überlassen. Und es war, so sagt er rückblickend, als habe er seinen Rucksack seitdem allein getragen. Sein Vater war im Krieg. Die Mutter war schwer krank, sie litt an Leukämie und verbrachte die Zeit fast durchgängig im Krankenhaus. Dieser Krankheit, über die Hans Niederer auch heute kaum sprechen kann, erlag sie im Jahr 1948, gerade 40 Jahre alt. Schon die Kindheit war für Hans nicht leicht gewesen. Er wurde am 17. Januar 1932 in Stuttgart geboren und wuchs dort mit einer älteren und zwei jüngeren Schwestern auf. Der Vater war Kaufmann. „Aber als junger Mann war er Straßenkämpfer, bei den Sozialisten." Die ältere Schwester meint, er sei Liberaler gewesen. Einig sind sich die Geschwister, dass der Vater mit der NSDAP nichts am Hut gehabt habe. Das Familienleben hat Hans nicht allzu nostalgisch in Erinnerung. In den ersten Jahren lebte die Familie in beengten Verhältnissen in einer kleinen Wohnung in Stuttgart-Wangen. Mit Vergnügen erinnert er sich an seine Freunde, mit denen er auf den Straßen spielte, an die Bande, die er in der Kindheit anführte. Mit dem Vater verband ihn wenig; das Verhältnis zu ihm wurde dann später durch die langen Phasen der Trennung im Krieg, dem Tod der Mutter und die zweite Ehe des Vaters noch schwieriger.

Die Erinnerung an die Mutter ist von ihrer schweren Krankheit getrübt, aber auch davon, dass sie wegen ihrer eigenen Kindheitserlebnisse stets belastet wirkte. Sie stammte aus Mühlhausen im Elsass, ihre Mutter war Elsässerin, der Vater Deutscher. Nach dem Ersten Weltkrieg war Elsass-Lothringen wieder französisch geworden. „Säuberungskomitees" hatten viele Deutsche, die in dieser Region lebten, vertrieben. Als im Jahr 1919 die Großmutter mütterlicherseits verstorben war, wurden der Großvater und die damals elfjährige Mutter von Hans noch am Friedhof gezwungen, das Land zu verlassen. Sie hatten in den Augen ihrer nun wieder französischen Landsleute kein Bleiberecht mehr. So waren der Mutter die Wurzeln auf mehrfache Weise gekappt worden. Sie hatte das nie verwunden.

1942 war das Jahr, in dem sich für Hans viel veränderte: Gerade zehn Jahre alt geworden, trat er dem Jungvolk bei. Er wurde Pimpf, begeistert war er bei der Sache, wie die meisten Jungen seiner Generation. Es war dasselbe Jahr, in dem er die Aufnahmeprüfung für das Stuttgarter Zeppelin-Gymnasium bestanden hatte. Er war der Erste der Familie, der auf die Oberschule ging.

Doch kaum hatte seine Schullaufbahn am Gymnasium begonnen, musste Hans 1943 sein Zuhause, die Heimatstadt verlassen: Im Rahmen der Kinderlandverschickung wurden die Schüler Stuttgarts in verschiedene Ortschaften im weiteren, sichereren Umland verteilt. Vor dem Krieg diente die Kinderlandverschickung vielen Kindern der Erholung und Regeneration, wenn dies aus gesundheitlichen oder sozialen Gründen geboten schien. Im Krieg sollte die „Erweiterte Kinderlandverschickung" vor drohenden Luftangriffen in den Großstädten schützen. Die Kinder wurden meist in Gemeinschaftsunterkünften untergebracht und waren auf diese Weise oft monatelang von ihren Familien getrennt. Hans verschlug es ins 115 Kilometer entfernte Schwenningen. Dort sollte er nun mit seinen Klassenkameraden leben, dort sollte er in die Schule gehen. Hans und die übrigen Kinder wurden anders als gemeinhin üblich einzeln von Familien aufgenommen. Verköstigt wurden sie dann gemeinsam in größeren Sälen von Gasthöfen. Einmal in der Woche holten sie sich dort den Proviant fürs Frühstück ab, der dann für sieben Tage ausreichen musste. Wenn die Sirene im Ort ertönte und Fliegeralarm auslöste, wurde der Unterricht in der Gastschule unterbrochen. Die Kinder harrten in einem Keller aus, bis die Gefahr vorüber war und Entwarnung gegeben wurde.

Die Evakuierungsmaßnahme der Kinderlandverschickung bezeichnet Hans heute noch als „Kinderlandverschleppung"; er wurde von allem abgeschnitten, was ihm vertraut war. „Ab da war ich auf mich allein gestellt", sagt er. Seine Mutter lag meist im Krankenhaus, die 16-jährige Schwester war „kriegsdienstverpflichtet" und musste in Stuttgart arbeiten. Die jüngeren Schwestern waren in die Obhut eines Bauern geschickt worden. Heimweh? Natürlich habe er Heimweh gehabt, sagt Hans, aber das durfte man ja nicht zeigen, denn, so fügt er in gespielt strammem Ton hinzu: „Das sind so Gefühle, die ein deutscher Junge nicht hat: Sie wissen schon, hart wie Kruppstahl, zäh wie Leder und so weiter, der ganze Quatsch, den der Hitler wollte."

Ein knappes Jahr blieb Hans in Schwenningen. Im Juli 1944 erhielt er eine rot umrandete Postkarte von seiner großen Schwester, auf der Vorderseite der Vordruck „Eilnachricht", auf der Rückseite der Vordruck „Lebenszeichen". Diese Postkarten dienten dazu, Angehörige nach Luftangriffen mit den nötigsten Informationen zu versorgen. Dazu standen drei Zeilen zur Verfügung. Die Karten wurden portofrei versandt. Seit 1940 war Stuttgart als Standort bedeutender Industriebetriebe immer wieder Ziel von Bombenangriffen aus der Luft gewesen. Auf diese Weise teilte seine Schwester Margot mit, dass das Haus der Familie in einem Luftangriff auf Stuttgart zerstört worden sei. Hans sprach beim Schuldirektor vor, berichtete ihm davon, dass sein Elternhaus abgebrannt sei und dass er nun zu seiner Schwester reisen müsse, die ganz allein sei. „No, was willsch denn d'rhoim, da brauchsch nimm'r hin, des isch scho he", sei die trockene Antwort des Mannes gewesen. Hans Niederer lächelt nachsichtig und schiebt die Übersetzung hinterher: „,He' ist schwäbisch und heißt ,kaputt'." „Dann bin ich halt abgehauen und habe mich ohne Erlaubnis nach Stuttgart durchgeschlagen; quasi illegal."

Die Nachbarn des zerstörten Hauses der Familie Niederer gewährten Hans Unterkunft. In Stuttgart wurde er sogleich als Melder eingesetzt. Bereits zu Anfang des Krieges mussten Kinder und Jugendliche verschiedene Hilfsdienste leisten. Nachdem die Bombardierungen auf die Städte begannen, waren zunehmend die Mitglieder der Hitlerjugend in HJ-Feuerwehren oder als Melder tätig. Letztere hatten beispielsweise die Aufgabe, über Zerstörungen von Wohngebäuden, über verschüttete Bewohner oder ähnliche Vorkommnisse Mitteilung zu machen. Hans war enthusiastisch bei der Sache, wollte sich gern in den „Dienst des Vaterlands" stellen, seinen Beitrag „zur Rettung der Heimat" leisten. Ärgerlich nur war, wie er damals fand, dass er zu jung gewesen sei für die kämpfende Truppe. Er erinnert sich an einen Luftangriff in der Nachbarschaft, an die Zerstörung eines Einfamilienhauses, daran, dass die Familie verschüttet worden war, und an die verzweifelten Schreie der Menschen unter den Trümmern der ehemals stattlichen Villa. Während die Bombardierungen andauerten, rannte der damals zwölfjährige Junge den Hügel hinab, um bei der nächstgelegenen Polizeiwache Meldung zu machen. Heute noch hat er die Strecke vor Augen, die er zurücklegte, erinnert sich an jede Kreuzung, an jeden Straßennamen, hat noch die Angst in den Knochen angesichts des Lärms am Himmel und der tödlichen Gefahr überall. Das Herz dröhnte in der Brust. Er weiß noch genau: wie er endlich bei der Polizeidienststelle ankam, wie er die Besetzung vorfand, wie die Männer in ausgelassener Runde zusammensaßen, singend, feixend, allesamt betrunken. Keiner war bereit, keiner war fähig, etwas zu unternehmen. „Und ich kleiner Bub hab da gestanden. Ratlos, hilflos. Das war eine der ersten Enttäuschungen über das Dritte Reich", sagt Hans heute, „aber schlau bin ich daraus nicht geworden; das war doch alles wie im Nebel für mich."

Die Luftangriffe auf Stuttgart nahmen zu. So wurde ein Sonderzug bereitgestellt, der Mütter und Kinder nach Schwäbisch Hall bringen sollte. Die Mutter von Hans wurde ins dortige Diakonissen-Krankenhaus eingeliefert, er selbst bei einem Schneider-Meister einquartiert. Hans hatte nun mehrere Wochen in Schwäbisch Hall vor sich, ohne Verpflichtungen, ohne lästigen Schulbesuch. „Großen Quatsch" habe er mit seiner „Bande" aus neuen Freunden gemacht. Sie paddelten mit dem Boot auf dem Kocher, trieben sich in der Stadt herum, schauten gebannt den amerikanischen Jagdbombern und den deutschen Düsenjägern zu, die vom nahe liegenden Flughafen in Schwäbisch Hall-Hessental aufstiegen, modernstes Kriegsgerät, das blitzschnell über den Himmel schoss. Diese Dinge waren hochspannend für die Kinder, Freiluftkino, als hätte es mit ihrem Leben und ihrer Realität nichts zu tun. All diese Erlebnisse unbehelligt von Erwachsenen, mitten im Krieg, wie auf einem gigantischen Abenteuer-Spielplatz, immer am Rand existenzieller Not. Die Krise aber gelangte nicht ins Bewusstsein.

Im Oktober 1944 musste Hans nach Schwenningen zurück. Der Vater hatte Heimaturlaub von seinem Fronteinsatz in Frankreich bekommen. Er durfte seine kranke Frau besuchen und bestand darauf, dass Hans wieder in die Schule gehen müsse. Drei Monate des Vagabundierens lagen hinter und 200 Stunden Nachsitzen lagen vor ihm. Nur einen Bruchteil der Strafe leistete Hans tatsächlich ab. Schon bald konnte er die Unterschriften der zuständigen Lehrer nachahmen, die er zum Nachweis der abgeleisteten Stunden benötigte. Außerdem war regulärer Schulunterricht gegen Ende des Jahres 1944 immer weniger möglich. „Da war doch sowieso alles im Eimer", sagt Hans Niederer, der erneut durchbrannte. Wieder reiste er zu seiner Schwester nach Stuttgart. „Heute würde man wahrscheinlich über so einen Kerl sagen, der ist verhaltensauffällig, ich hab' mich aber ganz normal gefunden", sagt Hans. Onkel Willi, der blinde Bruder des Vaters, bewirkte, dass Hans zu seinen zwei jüngeren Schwestern nach Niederstotzingen umzog. Hans bekam ebenfalls ein Quartier bei einem Bauern. So hatte er in gewissem Maß Familienanschluss – wenn auch nicht im selben Haus, so doch wenigstens im selben Ort. Hans besuchte das Gymnasium in Langenau. Der Unterricht fand im Saal eines Wirtshauses statt. „Durch das Hin und Her bin ich in der Schule sowieso nicht mehr so richtig mitgekommen; außerdem ging ja schon alles drunter und drüber", sagt Hans und fügt hinzu: „Die meiste Zeit saßen wir bei den Soldaten."

In Langenau, ebenfalls in einem Wirtshaus, war ein SS-Genesenden-Bataillon untergebracht. Die meisten waren Angehörige der SS, die sich nach Verwundung und Lazarettaufenthalt in Langenau erholten. „Die haben uns erzählt, was sie für Helden sind, mit Nahkampfspangen in Gold, silbernen Sturmabzeichen, Eisernem Kreuz und Pipapo. Das waren die größten – entschuldigen Sie den Ausdruck – Drecksäue, die ich je gesehen habe. Wie die über Menschen gesprochen haben ..." Hans Niederer hält kurz inne und gibt zu: „Das sehe ich heute so. Aber damals, als Kind, haben die mich begeistert." Er erinnert sich daran, als ein SS-Unteroffizier in den Schulunterricht kam, über und über behängt mit Ehrenzeichen: „Der hat uns dann erzählt, wie das so ist im Grabenkampf, wie er – so hat der dann geredet – ‚dem Russen das Messer reinhaut' ... solche Sachen." Dieser Besuch und diese Berichte dauerten damals etwa eine Stunde lang. Die zwölfjährigen Schüler hingen an den Lippen des Mannes. Danach seien zehn Kinder aufgestanden und wollten sich freiwillig zur SS melden. Hans Niederer kann es heute nicht mehr fassen: „Des muss m'r sich amol vorschtelle", diesen Satz schiebt Hans Niederer oft in seine Berichte ein, als könne er selbst nicht glauben, was er erlebt und was er damals für richtig erachtet hatte. „So indoktriniert waren wir. Wir wollten unbedingt auch solche Stoßtrupp-Tätigkeiten ausüben, uns an diesen – wie wir gedacht haben – Männersachen beteiligen."

Im April 1945 war Schluss: mit der Schule, mit den Zusammenkünften und den Berichten der so bewunderten Kämpfer. Der Unterricht wurde eingestellt, die Luftangriffe machten ihn unmöglich. Den Schulweg hatte Hans in der Bahn zurückgelegt, ein zunehmend gefährliches Unterfangen. Tieffliegerangriffe auf die Züge kosteten vielen Zivilisten das Leben. Dramatische Bilder brannten sich ins Gedächtnis ein. Den rotleuchtenden Himmel über Ulm, das in einem Feuersturm nach einem Bombenangriff lichterloh brannte, konnte Hans noch im 28 Kilometer entfernten Niederstotzingen sehen. Nun half Hans ausschließlich auf dem Bauernhof mit. Er unterstützte „seinen" Bauern beim Torfstechen im nahe gelegenen Riedhausen. Die Arbeit auf den Äckern und Feldern mussten sie wegen der Luftangriffe einschränken. Sie konnte im März und April 1945 nur nachts erledigt werden. „Tagsüber waren die amerikanischen Jagdbomber unterwegs, die auf alles schossen, was sich bewegte."

In Niederstotzingen erlebte Hans das Kriegsende in einem Keller. Es sei der 24. oder 25. April gewesen, erinnert er sich. Auch daran, dass am Abend zuvor noch eine „riesige Militäreinheit" durch die kleine Stadt marschiert war. Es waren Angehörige der „Wlassow-Armee". Eine russische Befreiungsarmee, die sich ursprünglich dem Kampf gegen die Sowjetunion verschrieben hatte und von Generalleutnant Andrei Wlassow, ihrem ersten Kommandanten, organisiert worden war. Sie kämpfte seit 1944 auf der Seite der Deutschen. Nach dem Durchmarsch besaßen viele Bauern plötzlich Pferde. Angesichts der drohenden Niederlage hatten die Soldaten ihre Gespanne gegen eine Flasche Schnaps eingetauscht. Hans Niederer erinnert sich an die Sorge der Menschen im Keller, an den Lärm, den Kanonendonner, die Angst und das beklemmende Gefühl, nicht zu wissen, was geschehen würde. „Am nächsten Tag waren dann die Straßen voller Panzer und GIs."

Hans hatte mit Gleichaltrigen herausgefunden, dass deutsche Truppen in der Gegend Waffen zurückgelassen hatten. Nun wollten die Jungen mit diesen Waffen einen Aufstand gegen die Amerikaner inszenieren. „Ich war eingeweiht. Irgendwie kam es heraus, und die Väter der Jungs verprügelten sie heftig. Manche der Jungs kamen in den Karzer der Schule. Die amerikanischen Truppen bekamen wohl Wind davon, so dass sogar einige der Jungs zunächst ins Militärgefängnis nach Heidenheim kamen." Hans hatte Glück. Er selbst flog nicht auf. Als ein amerikanischer Hauptmann in Heidenheim begriff, dass es sich bei den Aufständischen um 13- und 14-jährige Kinder handelte, befahl er ihre sofortige Entlassung. Eine Episode aus der Zeit geht Hans bis heute nicht aus dem Kopf: Der Einmarsch der Amerikaner und das Ende des Krieges waren allen Befürchtungen zum Trotz in Niederstotzingen weitgehend friedlich verlaufen. Schnell fühlten sich die Menschen sicher. „Seine" Bäuerin ließ die Hühner aus dem Stall ins Freie laufen. Ein junger amerikanischer Soldat hatte seine Pistole gezogen und kurzerhand ein paar Hühner erschossen. Sein vorgesetzter Offizier war Zeuge geworden und beschimpfte den Hühnermörder. Die Antwort des Beschimpften konnte Hans verstehen. Seine Englischkenntnisse reichten dafür aus. Er wird diesen Satz nie vergessen: „Wer die Macht hat, hat das Recht!"

Im Herbst 1945 erreichten den 13-jährigen Hans die ersten Berichte über die Befreiung der Konzentrationslager, über die Gräueltaten an den dort eingekerkerten Menschen, über die Vernichtung der Juden. „Meine erste Reaktion war", sagt Hans: „Alles amerikanische Propaganda, alles Lüge! Sowas macht ein Deutscher nicht!" Dennoch bemühte er sich, alles zu lesen, was er zu diesem Thema bekommen konnte. So änderte sich schon damals allmählich seine Sicht. Als er die Bilder zu den Schreckensnachrichten sah, fiel ihm nur der Satz ein, den er auch heute immer wiederholt und der die ganze Ratlosigkeit des damaligen Kindes wiedergibt: „Wie kann sowas sein? Auf Schwäbisch heißt das kurz: So was macht m'r doch ned." Er sagt in Erinnerung an all die, die im Namen des deutschen Volkes verfolgt und ermordet worden sind: „Unbegreiflich ist mir, wie man jede innere Regung niedermachen kann, dass man sagt: Das sind keine Menschen mehr." Er seufzt und fügt hinzu: „Wie sind wir belogen und betrogen worden!" Mit Begeisterung hatten sie doch die Lieder gesungen, mit denen sie für Hitler in den Tod gegangen wären und womöglich selbst zu Untaten bereit gewesen wären. Die Texte weiß Hans zum Teil heute noch: „Ein junges Volk steht auf, zum Sturm bereit ...!" Nach der ersten Zeile holt Hans Niederer tief Luft, um nicht die Fassung zu verlieren.

Den Berichten, die er las, konnte er sich nicht entziehen, den entsetzlichen Tatsachen nicht verweigern. Tief prägte sich ein, was er über die Verbrechen zur Zeit der nationalsozialistischen Herrschaft erfuhr. Besonders nahe geht ihm bis heute die Geschichte des jüdischen Kindes, die Bruno Apitz im Roman „Nackt unter Wölfen" verewigt hatte und die Hans einige Jahre später lesen würde: Der damals dreijährige Stefan Jerzy Zweig war in einem Koffer ins Konzentrationslager Buchenwald geschmuggelt und von Häftlingen über Monate vor dem sicheren Tod gerettet worden. Das Interesse an diesen Themen ließ nie nach. Hans Niederer ist ein belesener Mann. Er verfolgt historische und tagesaktuelle Themen bis heute kritisch. Mit der Geschichte des „Dritten Reichs" setzte er sich intensiv auseinander, ebenso mit der Geschichte des Antisemitismus und der Geschichte des Widerstands gegen den Nationalsozialismus. Letzteres wohl auch, da er als Jugendlicher sonntags ab und zu neben der Witwe Stauffenbergs gesessen hatte.

Dass rassistische und antisemitische Töne heutzutage wieder laut werden, macht Hans Niederer und seine Frau Lore fassungslos. Sind sie doch durch zwei Stolpersteine vor ihrem Haus täglich damit konfrontiert, welch existenzielle, welch tödliche Folgen Rassenhass nach sich zieht. „In unserem Häusle hat ein älteres jüdisches Ehepaar gewohnt", sagt Lore Niederer. Sie weiß, dass Susanne und Ferdinand Mayer in Oberdorf ums Leben kamen. Die Stolpersteine erinnern in wenigen Daten an die Existenz dieser zwei Menschen. Ferdinand Mayer war 1856, seine Frau 1859 als Susanne Süssheimer geboren worden. Sie hatten 1883 geheiratet und drei Kindern, Chevra, Ludwig und Meta, das Leben geschenkt. Seit 1929 wohnten sie in dem Reihenhaus, das sie später kauften und in das mehr als drei Jahrzehnte später die Niederers einzogen. Ferdinand und Susanne Mayer wurden nach der Reichspogromnacht 1938 durch Zwangsauflagen genötigt, ihr Haus zu verkaufen. Den drei Kindern gelang die Auswanderung. Das betagte Ehepaar musste zunächst ins Haus eines jüdischen Besitzers innerhalb Stuttgarts umziehen, in dem zwölf jüdische Familien untergebracht waren. Ende 1941 wurde das Ehepaar dann nach Oberdorf zwangsumgesiedelt. In Oberdorf gab es seit vielen Jahrhunderten eine jüdische Gemeinde. Nach der Reichspogromnacht durfte die Synagoge nicht mehr als Gebetsraum genutzt werden und wurde verkauft. Im Krieg diente sie als Unterkunft für ausländische Zwangsarbeiter. Circa 100 Juden, die zu diesem Zeitpunkt in Oberdorf lebten, wurden in den Jahren 1941/42 deportiert. Dieses Schicksal erlebten Susanne und Ferdinand Mayer nicht mehr. Sie starben innerhalb weniger Monate im Jahr 1942 an den Folgen ihres erzwungenen Umzugs nach Oberdorf und wurden dort auf dem jüdischen Friedhof beerdigt.

In Hans' jungem Leben sorgte 1945 einmal mehr Onkel Willi für eine Veränderung. Er veranlasste, dass der Junge und auch die jüngeren Schwestern zu ihm und seiner Familie nach Hossingen kamen, einem Nachbarort Lautlingens auf der Schwäbischen Alb. „Das war eine Weltreise damals – mit dem Zug und dann mit einem Holzvergaser." Dort ging Hans dann noch bis zur achten Klasse in die Volksschule. Die Oberschule war nun endgültig Vergangenheit. In Hossingen wurde er im Frühjahr 1946 konfirmiert. Hans quittiert das Scheitern seiner gymnasialen Laufbahn in all den Kriegswirren mit einem Schulterzucken und sagt: „Ein bisschen schade, aber damals wollt ich einfach nur arbeiten." Ein Nachbar half ihm weiter. Der hatte immer wieder auf dem wenige Kilometer entfernten Tierberg gearbeitet. So gelangte Hans am 1. April 1946 zur Familie Weiß, als „heimatloser Knecht". „So wie ich war, mit nix dabei, ohne irgendwas. Dort habe ich eine Heimat gefunden, die ich vorher nie hatte." Alles habe er dort gelernt, was man fürs Leben braucht. „Ich hab' Heu gemacht, gemolken, den Stall ausgemistet, bin Traktor gefahren, hab' mit der Sense gemäht, Schafe geschoren, Pferde versorgt. Es gab kein elektrisches Licht, keinen Strom, das Wasser ist aus der eigenen Quelle gekommen. Es war ein gutes, ein regelmäßiges Leben, wir waren eine Gemeinschaft. Und ich hab zur Familie gehört." Das Besondere war, dass man ihm die schwere Arbeit nicht nur zumutete, sondern dass man sie ihm zu-traute. Das Wichtigste aber war, dass er hier lernte, wieder Vertrauen zu den Erwachsenen, Vertrauen in die Welt zu fassen. Heute noch durchlebt er im Geist immer wieder sein schönstes Erlebnis in dieser Zeit: Er sollte mit dem Pferdeschlitten nach Balingen fahren, um dort beim Landratsamt Bezugsscheine abzuholen. Dazu hatte er „Ponny", „sein" halbwüchsiges Pferd vorgespannt. Da fuhr er nun selbständig und ganz allein durch die zauberhafte, schneebedeckte Landschaft. Die Eindrücke dieser Fahrt verbindet er noch immer mit starken Gefühlen: dem Vertrauen, das ihm Herr Weiß vom ersten Tag entgegengebracht hatte, dem Gefühl ungeahnter Freiheit und dem Empfinden für die Schönheit der Gegend, die er in seinem Inneren bewahrt und die er jederzeit abrufen kann. Der Ausflug dauerte damals einen halben Tag und wirkt dennoch 74 Jahre nach.

Sein Vater war zwischenzeitlich aus der französischen Kriegsgefangenschaft zurückgekehrt. Hans' älteste Schwester Margot erinnert sich: „Er war zum Minenräumen in den Vogesen eingesetzt. Bei dieser Arbeit kamen viele ums Leben. In der Nähe seines Einsatzortes brannte jedoch eines Tages das Haus des Bürgermeisters und unser Vater rettete die Tochter des Bürgermeisters. Zum Dank wurde er dann vorzeitig aus der Kriegsgefangenschaft entlassen." Der Vater beharrte darauf, dass Hans einen Beruf erlernen solle. Da die Familie ausgebombt war und keine Wohnung mehr hatte, sollte dies eine Lehrstelle sein, bei der der Junge Kost und Logis erhalten würde. So trat Hans am 1. April 1948, auf den Tag zwei Jahre nach seiner Ankunft auf dem Tierberg und vier Wochen vor dem Tod seiner Mutter, seine Lehre bei Bäcker Hiligardt in Stuttgart-Bad Cannstatt an. Später wird er einige Jahre als Facharbeiter bei der Schokoladenfabrik Eszet in Unter-türkheim angestellt sein. 1960 bekam er das Angebot, bei der Cannstatter Volksbank eine Banklehre zu absolvieren. „Alle Berufe, die ich gelernt und ausgeübt habe, fangen mit ‚B' an: Bauer, Bäcker, Bänker", sagt Hans Niederer und ergänzt: „Und natürlich Bandenchef!"

In seiner Jugend – während seiner Lehrzeit – war Hans leidenschaftlicher Leichtathlet und wurde sogar Kreismeister im Diskuswerfen. Durch die schwere körperliche Arbeit auf dem Hof war er gut trainiert und muskelbepackt. Seine damalige Freundin und jetzige Frau Lore brachte es damals zur Kreismeisterin im Kugelstoßen. In den späten 1940er und frühen 1950er Jahren kam noch die Liebe zum Swing und Jazz hinzu, eine Liebe, die er ebenfalls mit Lore teilte. „Das waren Musikstile, die wir ja während der Zeit des Nationalsozialismus gar nicht kennenlernen durften", sagt Hans Niederer. Unvergesslich sind die Konzerte von Lionel Hampton und Louis Armstrong, unvergesslich, wie frohgemut sie danach zu Fuß durch die Parkanlagen von Stuttgart nach Cannstatt heimwärts spazierten. Die Begeisterung brachte Hans zwei Auftritte in einer Radiosendung des damaligen SDR ein, in der er seine reichhaltige Swing- und Jazzplattensammlung vorstellen durfte.

Am 20. Juli 1957 heirateten Hans und Lore Niederer, geborene Haller. „Das Datum ist aber ein Zufall und hat nix mit dem anderen 20. Juli zu tun." Seine Frau lacht, wie nach jedem frechen Spruch ihres Mannes. „1959 kam dann unser Sohn, der Lutz, auf die Welt, am Geburtstag des Großvaters", sagt Lore Niederer. „Und am Geburtstag vom Goethe", schiebt ihr Mann hinterher. 1963 und 1964 wurden die Söhne Götz und Jörg und 1968 die Tochter Katrin geboren. Ein kleiner Lottogewinn und die Erbschaft von Lores Vater einige Jahre später halfen, finanziell knappe Zeiten zu überbrücken. Schließlich konnten sie das

Häuschen erwerben, in dem das Ehepaar heute seinen Ruhestand verbringt. Hans Niederer erlebte zwei Überfälle während seiner Tätigkeit in der Cannstatter Volksbank. Der erste Bankräuber hatte Hans mit einer Waffe bedroht, war entkommen und wurde später gefasst. Der zweite Bankräuber war – wie sich später herausstellte – ein Klassenkamerad seines Sohnes Götz. Ihn hatte Hans Niederer selbst verfolgt, war hinter ihm her gespurtet, bis er ihn schließlich schnappte.

Auch diese Geschichte würzt Hans Niederer mit einer Prise feinen Witzes: „Bei der Gerichtsverhandlung fragte mich der Richter, warum ich ihm denn hinterhergerannt sei. Ich antwortete, dass das bereits mein zweiter Überfall gewesen sei und es jetzt 1:1 stünde." Sohn Lutz ergänzt die Episode: „Bei der Gerichtsverhandlung hat sich mein Vater dafür eingesetzt, dass der Bursche im Gefängnis sein Abitur machen kann."

Den Rucksack seines Lebens und seiner Familie spürt Hans Niederer deutlich, auch heute noch, immer wieder. Seit seinem zehnten Lebensjahr hatte er ihn allein geschultert. Dafür – so meint er – habe er aber auch einen gut trainierten Rücken. „Und", fügt er hinzu, „alles in allem habe ich Glück gehabt, es ist doch alles gut ausgegangen." Seine Frau nickt und lächelt.

„Das war das erste Mal, dass ich spürte, welche Auswirkungen Desinformation, Halbwahrheiten haben können"
Marco Heinzel

Die staatliche und ideologische Vereinnahmung der Köpfe und Gedanken kannte auch die DDR. Für den damals 14-jährigen Marco Heinzel kam ihr Ende zur richtigen Zeit. Die eigenen Erfahrungen und die seiner Eltern und Großeltern prägen seine Überzeugungen auch heute.

Aus jedem Fenster des Häuschens blickt man ins Grüne. Regenwolken und Nebelschwaden hängen in den Bäumen, über den Wiesen und Gärten. Auf engen Straßen gelangt man ins Dorf in der fränkischen Schweiz, wo seit einigen Jahren Marco Heinzel, seine Frau Asli und ihre fünf Katzen wohnen. Sie wurden Wahl-Oberfranken in einer Gegend, in der die einen entweder seit vielen Generationen ansässig sind oder in die andere für einen Kurzurlaub anreisen, um die wildromantische Landschaft mit ihren Höhlen, Felsen und Burgen zu erkunden. Die Heinzels hat es dauerhaft hierher verschlagen, weil sich ihr privater Rückzug in dieses Idyll am besten mit den jeweiligen beruflichen Tätigkeiten verbinden lässt. Asli leitet die Filiale einer großen Buchhandlung in Bamberg. Marco und Asli hatten sich kennengelernt, als er für zwölf Jahre bei der Bundeswehr diente. „Ich hatte zwar kurz überlegt, als Berufssoldat weiterzumachen. Für eine Familie wäre es aber herausfordernd gewesen, alle zwei bis drei Jahre umzuziehen, für Asli hätte es bedeutet, ihren Traumberuf aufzugeben", sagt Marco. Für beide war immer klar, dass das eigene Selbst nie um jeden Preis auf Kosten des jeweils anderen verwirklicht werden darf.

Eine Haltung zum Leben zu entwickeln und sich verantwortlich zu zeigen, sind Dinge, die Marco seit seiner Jugend beschäftigen und nach denen er auch im historischen Kontext sucht. So kam unser erstes Gespräch anlässlich des Bamberger Literaturfestivals am Büchertisch zustande, den er für seine Frau betreute. Für Marco hatten Worte wie „Gewissen" und „Verantwortung" immer schon eine spezielle Bedeutung. „Vielleicht liegt es daran, dass ich in der DDR aufgewachsen bin", sagte Marco damals. Der Widerstand gegen den Nationalsozialismus war ein präsentes, politisch aufgeladenes Thema in seiner Schulzeit. Dort wurde er gleichgesetzt mit „Antifaschismus" und „der Befreiung des deutschen Volkes durch den Sieg der Sowjetunion und ihrer Verbündeten". Er wurde in erster Linie auf den Widerstand der Arbeiterbewegung reduziert und politisch für den Herrschaftsanspruch der SED instrumentalisiert. „In dieses Konstrukt des antifaschistischen Kampfes hat man dann auch die ‚Weiße Rose' eingepflegt." Marco erinnert sich sehr genau, wie die Geschichte der studentischen Widerstandsbewegung gegen das nationalsozialistische Regime damals im Geschichts- und Staatsbürgerkunde-Unterricht behandelt wurde. Der Staatsstreich vom 20. Juli 1944 war in seiner Schulzeit hingegen kein Thema. Damit setzte er sich später, nach der Wende, in seiner Bundeswehrzeit intensiv auseinander. „Die Bundeswehr ist der Ort, wo wahrscheinlich am ausführlichsten über dieses historische Ereignis informiert und aufgeklärt wird", sagt Marco. Die eigene Biografie ermöglicht ihm unterschiedliche Perspektiven, wenn es um den Umgang mit Geschichte geht. „Ich bin dankbar dafür, dass ich diese verschiedenen Einblicke überhaupt gewinnen konnte. Für meine Generation kam die Wende zur perfekten Zeit", sagt er. Seine eigene Geschichte und die seiner Familie, seinen Rucksack, empfindet er meist nicht als Last. Eher als Gepäckstück, dessen Inhalt gut zu gebrauchen ist, um sich zu orientieren, eigene Schlüsse ziehen und Entscheidungen treffen zu können.

Marco Heinzel wurde am 5. März 1975 in Halle geboren. Rückblickend und von außen betrachtet sei es eine „absolut typische DDR-Kindheit" gewesen. Von innen betrachtet, rein privat, mit Blick auf seine Erinnerungen und seine Erlebnisse, war es schlicht eine glückliche Zeit. So sehr, dass er sich schon in seiner Jugend vorgenommen hatte, mit spätestens 25 Jahren eine eigene Familie zu haben. „Ich kann nicht verstehen, dass die meisten Menschen das Projekt ‚Familie' heutzutage etliche Jahre nach hinten verschieben – als würden Kinder ein erfülltes Leben behindern", sagt Marco, der bis heute davon profitiert, sehr junge Eltern zu haben. Als er geboren wurde, war seine Mutter 21 und sein Vater 24 Jahre alt. Sie waren Studenten. Die Mutter wurde Lehrerin für Biologie und Chemie, der Vater wurde Lehrer für Polytechnik und hatte die Kompetenz, fünf Fächer zu unterrichten. Mit knapp drei Jahren siedelte Marco mit seinen Eltern nach Plauen über – in die Heimatstadt der Mutter, in die unmittelbare Nähe der Großeltern. Die Geburt von Marcos jüngerer Schwester zu Beginn des Jahres 1978 stand bevor. „Ganz klassisch für DDR-Verhältnisse" – wie Marco sagt – waren die Kinder in den ersten Jahren in der Kinderkrippe und dann im Kindergarten, denn die Eltern arbeiteten von Beginn an.

1980 zogen die Heinzels ins damalige Neubaugebiet Chrieschwitzer Hang, am Rand der Stadt. Die Wohnungen in den Plattenbau-Anlagen waren damals heiß begehrt, sagt Marco. „Zentralwärme statt Kohleofen, fließend Warmwasser statt Boiler, Bad in der Wohnung statt Außen-WC auf der Halbetage." Marco besuchte acht Jahre lang die POS „Wilhelm Pieck", die dreistufige polytechnische Oberschule. Die Klassenkameraden wohnten alle in derselben Straße, so dass sich immer jemand zum Fußballspielen fand. Man traf sich spontan ohne Aufwand und ohne weite Anfahrten. Die Kinder waren – wenn die Schularbeiten erledigt waren – draußen unterwegs, bis es dunkel wurde. Marco schwärmt von der Freiheit in seiner Kindheit und Jugend: „Wir bauten Baumhäuser in einer Böschung zur Eisenbahn und entdeckten dabei ein altes Gewölbe, das – wie meine Oma meinte – als Unterschlupf bei Bombenangriffen diente. Wir stromerten durch den Voigtsgrüner Wald, fingen Stichlinge im Friesenbach und fuhren im Winter Ski und Schlitten auf der ‚Kuhweide'." Den Sommer verbrachte die Familie weitgehend in ihrem Schrebergarten. Gekocht wurde auf zwei Heizplatten, der Badbereich bestand aus einem Plumpsklo und einem Waschbecken, in das nur kaltes Wasser lief. Die Schrebergärtner waren verpflichtet, Obst und Gemüse anzubauen, um zur Versorgung der Bevölkerung beizutragen. Manche verkauften ihre Erträge. Die Kartoffeln, Tomaten, Gurken, Bohnen und Äpfel, die Heinzels ernteten, reichten zumindest dazu aus, die eigene Familie zu verpflegen. „Wir lebten dort mit einfachem Standard, aber für mich als Kind war es ein Traum." Marco störte es nicht, dass seine Familie kaum in den Urlaub fuhr. Die Eltern besaßen kein eigenes Auto, auch war das Einkommen nicht üppig; Akademiker wurden meist nicht so gut bezahlt wie die Berufe in der „Arbeiter- und Bauernwelt". Außerdem bekamen sie nie den Zuschlag zu einem Urlaubsplatz des FDGB-Feriendienstes. Diese Institution des „Freien Deutschen Gewerkschaftsbundes", des Dachverbands der Gewerkschaften in der DDR, vermittelte subventionierte Urlaubsreisen. „Da gab es wohl immer viel Gerangel und Gemauschel. Da wir aber im Garten mit dem nahe gelegenen Freibad glücklich waren, war dies zumindest für mich kein Problem."

In der ersten Klasse trat Marco wie fast alle Kinder in der DDR der politischen Kinderorganisation, den Jungpionieren, bei. Diese war fester Bestandteil des einheitlichen Bildungssystems. So wurde die Aufnahme automatisch von der Schule veranlasst. Der Beitritt war zwar nicht obligatorisch, wurde aber als Selbstverständlichkeit erachtet. Formal gesehen war er sogar freiwillig. Wer die Aufnahme seines Kindes nicht wünschte, musste aber selbst aktiv werden, um dies zu verhindern. So gab es nur wenige Familien, die sich diesem kollektiven Druck widersetzten. Die Mitgliedschaft bei den Jungpionieren mündete ab der fünften Klasse in die Mitgliedschaft bei den Thälmannpionieren und spätestens ab der achten Klasse in die Aufnahme bei der FDJ, der Freien Deutschen Jugend. „Das war schon sehr geschickt", sagt Marco. „So hatte man früh die Gelegenheit, die Kinder ideologisch zu beeinflussen, wie es eben auch beim Jungvolk und der Hitlerjugend gelungen ist. Da hatte das eine System doch ganz ordentlich vom anderen gelernt."

Ihn ärgert, dass viele Menschen die DDR-Zeit nostalgisch verklären und die staatliche „Inbesitznahme" des Menschen ausblenden. Als Kind aber nahmen Marco und seine Freunde diese Manipulation nicht wahr. Sie waren stolz darauf, endlich das blaue Halstuch, das Erkennungszeichen der Jungpioniere, tragen zu dürfen, und später umso stolzer, als sie zu den Größeren, zu den Thälmannpionieren gehörten, die sich das rote Tuch umbanden. Wenn der Gruppenleiter rief: „Für Frieden und Sozialismus seid bereit ...", riefen die Kinder voller Inbrunst: „Immer bereit!" Diese Parole forderte auch täglich der Lehrer vor Unterrichtsbeginn in der Schule ein. In der FDJ änderte sich der Text: „FDJler: Freundschaft!" kam es dann vom Lehrer oder jeweiligen Gruppenleiter, danach von den Jugendlichen im Chor: „Freundschaft".

Die Pioniere trafen sich regelmäßig am Nachmittag nach der Schule. In den Ferien gab es unter anderem Lagerfreizeiten, in denen die Kinder zum Morgenappell antraten. „Für den Staat war das Ganze doch recht praktisch: so konnte er nicht nur früh Einfluss auf die Jüngsten nehmen. Gleichzeitig waren dann auch die Kinder verräumt, damit die Eltern – auch in den Ferien – immer Vollzeit arbeiten konnten", sagt Marco. Er selbst war nur einmal in einem Ferienlager, das ihm nicht gefiel. Im Gegensatz zu den Betreuungsangeboten für die Jungpioniere, an denen er an festgelegten Nachmittagen mit Begeisterung teilnahm. Er gehörte zusammen mit elf Mitschülern der Arbeitsgemeinschaft „Naturschutz" an. Die Kinder durchstreiften die umliegenden Wiesen und Wälder. Unter anderem untersuchten sie den „Kristaller", einen von der Sonne beschienenen steinigen Südhang im Voigtsgrüner Wald mit seltener Flora und Fauna. Das Ziel der Arbeitsgruppe war, den „Kristaller" unter Naturschutz stellen zu lassen. Marco verschlang zudem die Bücher Bernhard Grzimeks und sah mit Begeisterung die Tierfilme Heinz Sielmanns, die die ARD ausstrahlte. „Westfernsehen, das wir verbotenerweise empfingen und mit großem Vergnügen konsumierten." Sein Berufswunsch stand fest:

Er wollte Biologe werden. Damit würde er auch die Möglichkeit bekommen – so hoffte er –, die Welt zu bereisen. Inspiriert durch Grzimek war sein erstes Wunschziel die Serengeti. „Ich wollte nicht Biologe werden, um im Vogtland die Hasen zu zählen", sagt Marco.

Diese Sehnsucht, frei zu sein, einen Beruf seiner Wahl zu treffen, die Orte seiner Träume zu bereisen, machte sich schon in dieser Zeit bemerkbar. Er weiß nicht, wie es ihm ergangen wäre, zu welchen Schritten er bereit gewesen wäre, hätte er diese Freiheit nicht durch den politischen Systemwechsel 1989 erlangt. Er weiß nicht, ob er den Mut aufgebracht hätte, Risiken in Kauf zu nehmen und alle Brücken hinter seinem bisherigen Leben, hinter seiner Familie und seinen Freunden abzureißen. Es empört ihn, dass die DDR ihre Bürger gewaltsam daran hinderte auszureisen. Dass Systemgegner unter unsäglichen Bedingungen eingesperrt wurden, dass viele von ihnen vom Westen freigekauft werden mussten, so dass die DDR von Devisen profitierte und damit von einem Wirtschaftssystem, das sie vordergründig anprangerte. „Das war doch alles so verlogen und hatte mit Rechtsstaatlichkeit nichts zu tun", sagt Marco.

Das Gespür für die innere Freiheit, das durchaus auch belastend sein kann, hat er wohl – wie er meint – von der Mutter geerbt, ebenso wie seinen „Gerechtigkeitsfimmel". Darauf gründet sein Interesse an geschichtlichen Zusammenhängen, wenn er auch über die eigene Familiengeschichte nicht viel weiß. Die DDR zu verlassen, war für die Großeltern nie eine Option, ebenso wenig für Marcos Vater. Nur die Mutter hatte sich aktiv mit dem Thema beschäftigt, dem Ehemann zuliebe die Pläne jedoch aufgegeben. „Man hatte seine Stadt, seinen Kosmos, den man kannte und den man nicht missen wollte", sagt Marco.

Die Familie mütterlicherseits war in Plauen verwurzelt, das in den letzten Monaten des Zweiten Weltkriegs schwer von Bombardierungen getroffen worden war. Die Erlebnisse zur Zeit des Nationalsozialismus waren allerdings selten Thema in Marcos Familie. Seine Mutter hatte sich einmal nach dem Schicksal der jüdischen Freundin ihrer Mutter und deren Familie erkundigt, die in den 1940er Jahren nachts von einem LKW abgeholt worden war. Was man denn da gedacht oder getan habe, war damals ihre Frage. Darauf gab es aber keine Antwort. Marco erinnert sich an einige wenige Erzählungen seiner Großmutter, die von den Granatsplittern im Ehebett nach einem heftigen Luftangriff berichtete.

Im April 1945 war das Gebiet um Plauen von den Amerikanern besetzt worden. Marco dachte oft darüber nach, wie es wohl gewesen wäre, wenn es so geblieben wäre und der innerdeutsche Zaun 100 bis 200 Kilometer weiter östlich verlaufen wäre, wie es wohl gewesen wäre, wenn seine Familie in der Bundesrepublik gelebt hätte. „Andererseits hätten sich meine Eltern dann wohl nicht beim Studium in Halle kennenlernen können", sagt er, der dem historischen Umstand insofern sein Leben verdankt, dass das Gebiet im Juni 1945, gemäß der Vereinbarungen der Alliierten, der Sowjetischen Besatzungszone zugeschlagen worden war.

Die Großmutter sei durch die Saale bei Hirschberg geschwommen, erzählt Marco, um in der Umgebung von Hof, auf der amerikanischen Seite, bei Bauern Nahrungsmittel zu organisieren und sie wieder durch den Fluss nach Hause zu transportieren. Einmal wurde sie von einer russischen Patrouille aufgegriffen. Ein Soldat hieb ihr den Gewehrkolben vor die Brust, aber der vorgesetzte Offizier ließ sie unbeschadet laufen. Mehr hatte er über das Leben seiner Familie in der Zeit allerdings nicht in Erfahrung bringen können. „Wir sind nicht im Bewusstsein aufgewachsen, das ‚Dritte Reich' individuell aufarbeiten zu müssen. Wir glaubten auch, dass in der DDR keine Altnazis Positionen im Staatsapparat innehatten", sagt Marco.

Seine Eltern traten nie in die SED ein. Zu Studienbeginn wollten zwar beide in die Einheitspartei eintreten, weil sie die Grundidee des Sozialismus guthießen. Als angehende Lehrer wurden sie damals nicht aufgenommen, weil sich die SED als Arbeiter- und Bauernpartei verstand und das „Mischungsverhältnis" – so Marco Heinzel – zwischen den Berufsgruppen gewahrt bleiben sollte. Später allerdings, als es möglich gewesen wäre, wollte die Mutter nicht mehr Parteimitglied werden. Ihr ging es nun ums Prinzip, die politische Vereinnahmung hätte ihrer Überzeugung widersprochen. So tat sie sich im politischen System der DDR schwer. „Vielleicht lag es auch an den Erfahrungen meines Opas", meint Marco. Dieser war 1953, im Jahr des Volksaufstands und ein Jahr vor der Geburt seiner Tochter, Marcos Mutter, von April bis Ende November zunächst in Plauen, später in Zwickau inhaftiert worden. Einen Teil davon musste er in Einzelhaft verbüßen. Als Leiter des Finanzamtes Plauen-Zwickau hatte er sich gegen die Vergabepraxis von leerstehenden Wohnungen gewehrt, die von Menschen auf der Flucht aus der DDR zurückgelassen worden waren. Die Wohnungen sogenannter „Republikflüchtlinge" sollten eigentlich Bedürftigen, wie zum Beispiel ausgebombten Familien, zugewiesen werden. Die SED-Genossen verteilten jedoch die attraktiven Häuser und Wohnungen nach Gutdünken. „Mein Großvater hat sich offenbar gegen das Gemauschel und die Vetterleswirtschaft gestellt. Das bestätigte dann später auch sein ehemaliger Arbeitskollege. Nach außen hin wurde er aber unter anderem wegen anderer, vorgeschobener Delikte, zum Beispiel Glücksspielerei, angeklagt."

Marcos Mutter tat sich als Biologie- und Chemie-Lehrerin im Kollegium ihrer Schule schwer, weil von ihr als Klassenleiterin erwartet wurde, politisch im Sinne der Staatsideologie auf die Schüler einzuwirken. Außerdem nahm sie kein Blatt vor den Mund und kritisierte den für sie offensichtlichen Unterschied zwischen politischem Plan und der Wirklichkeit. Nach zwei Jahren im Schuldienst war sie mürbe geworden, kündigte und wechselte in den Rat der Stadt Plauen, wo sie Betriebsprüfungen der VEBs, der „Volkseigenen Betriebe" vorzunehmen hatte. Dabei stellte sie immer wieder Abweichungen von den sogenannten „Soll-Planungen" fest. Auch hier war ihre Stellung schwierig. Auch hier eckte sie mit ihrer Kritik an, weil sie aussprach, was alle, auch die Genossen, sahen und dachten. Kurz vor der Wende kündigte sie und wechselte in ein Textilkombinat. „Das war Pech", sagt Marco, „nach der deutschen Wiedervereinigung wäre sie möglicherweise verbeamtet worden. Das hätte ihr einiges erspart." So arbeitete sie danach in unterschiedlichen Branchen, in denen sie sich körperlich und seelisch verausgabte. Sie machte sich sogar mit einer Imbissbude selbständig. „Ich bin wahnsinnig stolz auf meine Mutter, dass sie diesen Schritt gewagt hat. Leider musste sie die Bude wieder aufgeben, als eine Firma in der Nachbarschaft schloss und damit die wichtigen Mittagskunden wegfielen", sagt Marco. Zudem hatten ungünstig abgeschlossene Versicherungsprämien ihren Verdienst aufgefressen – eine schmerzliche Erfahrung, die viele DDR-Bürger kurz nach der Wende machen mussten. Beruflich gesehen warf die Wende große Probleme für Marcos Eltern auf. „Eigentlich waren es typische

Ost-Biografien", stellt er fest. Das Frustrierendste sei gewesen, dass gerade die Geschickten, die, die sich schon vorher angepasst und Vorteile verschafft hatten, auch danach – wie Marco es formuliert – „auf die Füße fielen", da sie günstigere Ausgangspositionen hatten.

Dem Vater war es immer leichter gefallen, sich mit dem politischen System zu arrangieren. „Mein Vater meinte sogar, außerhalb der DDR wäre ihm ein Studium aus finanziellen Gründen nicht möglich gewesen", sagt Marco. Der Vater entstammte einfachen dörflichen Verhältnissen, war nach dem Unfalltod seines Vaters früh Halbwaise geworden. Die Mutter versuchte, die Familie als Köchin durchzubringen. Ganz bewusst verpflichtete sich Marcos Vater zur dreijährigen Unteroffiziers-Ausbildung bei der NVA, der Nationalen Volksarmee. Den Dienst leistete er in der „ABC-Abwehr" ab, in militärischen Spezialtruppen zum Einsatz gegen atomare, biologische und chemische Kampfmittel. Er hatte sich zu diesem Schritt entschlossen, da dieser ihm freie Studienwahl nach der Armeezeit garantierte. „Das war seine Hauptmotivation", sagt der Sohn, „nicht, weil er unbedingt Soldat werden oder der DDR dienen wollte. Die Erfahrungen im Militär, die er machen musste, waren nicht immer erfreulich. Immerhin prägten die Erlebnisse Marcos Vater so stark, dass ihn später der Beschluss seines Sohnes mit großer Sorge erfüllte, sich für zwölf Jahre bei der Bundeswehr zu verpflichten.

Auch Marcos Vater war später nicht Mitglied der SED geworden. Er war zwar nicht so kritisch eingestellt wie seine Frau, sah aber dennoch keine Notwendigkeit, Parteimitglied zu werden. Nach der Wiedervereinigung wurde es auch für seinen beruflichen Werdegang als Lehrer kompliziert: Als Lehrer für Polytechnik entfielen plötzlich Unterrichtsfächer wie „Einführung in die sozialistische

Produktion", „Praktisches Arbeiten" und „Technisches Zeichen". So kam er ab 1990 schließlich in einer Mittelschule als Lehrer für „Werken", „Wirtschaft" und verschiedenes anderes wie Informatik unter. Die Fächer, die er ursprünglich studiert und unterrichtet hatte, gab es ja nun kaum mehr.

Die Erfahrungen im Alltag der DDR lehrten, dass sich die öffentlichen Verlautbarungen, ob sie von Politikern, von den Medien oder von den Lehrern kamen, stark von der erlebten Wirklichkeit unterschieden. Heinzels hatten sich wie viele andere ihrer Mitbürger zusätzliche Informations-Quellen erschlossen. Sie hörten im Radio den Sender Bayern 3 und empfingen Sendungen der ARD und ZDF auf ihrem Bildschirm. Dazu hatte der Vater eine Antenne gebaut, die man von außen keinesfalls sehen durfte. Diese wurde hin und wieder abgebaut, wenn sich bestimmte Gäste ankündigten. Die Kinder wussten, dass sie in der Schule nichts über die Filme und Beiträge im Westfernsehen ausplaudern durften. Auch hatten ihnen die Eltern eingeschärft, wie sie auf gewisse Fragen von Lehrern zu antworten hatten. Zum Beispiel auf die Frage, wie denn die Uhr in der Nachrichtensendung aussehe, die die Familie allabendlich im Fernsehen anschalte. Die Antwort der Kinder hätte lauten müssen: „Die hat Striche", was auf die DDR-Nachrichtensendung „Aktuelle Kamera" verwies. Im Gegensatz zur eingeblendeten Uhr der „Tagesschau" in der ARD, die anders aussah. „Mich hat zwar nie jemand danach gefragt, aber meine Eltern hielten es für möglich. Und das wäre dann für uns alle gefährlich gewesen", sagt Marco.

Der Bildungshorizont sollte über das dargebotene, ideologisierte Weltbild der DDR hinaus erweitert werden, ohne die eigene, private Welt in Gefahr zu bringen. Marcos Mutter ließ ihre Kinder taufen und die „Christenlehre" besuchen. Dies war der Religionsunterricht, den die Pfarreien am Nachmittag anboten. Darüber wundert sich Marco noch heute, der im Jahr 1999 wieder aus der Kirche austrat: „Zuhause spielte Religion eigentlich kaum eine Rolle. Aber meiner Mama war das wichtig, als kleines Zeichen, sich nicht komplett politisch vereinnahmen zu lassen." Die Zukunft der Kinder durfte bei aller inneren Distanz nicht verbaut werden, das war den Eltern wichtig. Selbstverständlich waren sie den politisch gewünschten Gruppen beigetreten, standen nicht abseits des staatlich gesteckten Rahmens. Der Vater formuliert heute einen für Marco überraschenden Satz: „Rückblickend wundert man sich, was man alles hat mit sich machen lassen, was man damals alles akzeptiert hat."

Bei Marco blitzen einige Erinnerungssplitter auf: Situationen, die ihm die geistige Enge und den allgegenwärtigen, bedrohlichen Zugriff von übergeordneten Kontrollinstanzen schon in der Jugend bewusst machten. Als Schüler hatte er den Versuch unternommen, sich einer ihm unsinnig erscheinenden Initiative zu widersetzen: Seine Klasse sollte der „Gesellschaft für Deutsch-Sowjetische Freundschaft" beitreten, der zweitgrößten Massenorganisation nach dem „Freien Deutschen Gewerkschaftsbund" mit circa sechs Millionen Mitgliedern. Marco und zwei Mitschüler weigerten sich. Sie pflegten bereits Brieffreundschaften zu russischen Jugendlichen. Sie sahen aber nicht ein, dass „Freundschaft" verordnet wurde und dass man auch noch dafür zahlen musste. „Eigentlich war das immer noch eine Art von Kriegsreparationen an die Sowjetunion, die man dann sogar den Schülern abgeknöpft hat. Das war zwar nicht viel, uns ging es aber ums Prinzip."

Daraufhin wurden die drei zu einem Lehrer zitiert. An das Gespräch kann sich Marco im Detail nicht erinnern. Nur daran, dass er mit seiner Verweigerung den Übertritt auf die EOS, die Erweiterte Oberschule, und damit ein potenzielles Studium gefährden würde. „Dann haben wir drei eben doch den Mitgliedsantrag unterschrieben."

Auch eine andere Episode führte ihm vor Augen, unbequeme Wahrheiten nicht benennen zu dürfen. Marco gehörte der Schauspielgruppe einer engagierten Deutschlehrerin an. Sie hatte eine kabarettistische Darbietung eingeübt, in der die jungen Schauspieler Haushaltsprodukte der Bundesrepublik mit Produkten der DDR verglichen. „Da wurde dann der supermilde Rondo-Kaffee im Vergleich zum Jacobs-Kaffee gepriesen, und jeder wusste, dass das DDR-Getränk nicht mild, sondern eben ein dünnes, braunes Süppchen war", erzählt Marco. Große Unterhaltung, die Zuschauer lachten und applaudierten. Am nächsten Tag jedoch war der Zauber des Erfolgs verflogen, die weinende Lehrerin musste den Kindern mitteilen, die Schauspielgruppe dürfe nicht mehr auftreten und sei mit sofortiger Wirkung aufgelöst.

Im Jahr 1989 erlebte Marco mit 14 Jahren die Gewaltbereitschaft, mit der sich die Staatsmacht gegen das eigene Volk wendete. Es war der 7. Oktober, der Tag, an dem in der DDR der 40. Geburtstag ihrer Gründung gefeiert werden sollte. Erich Honnecker, Generalsekretär des Zentralkomitees der Sozialistischen Einheitspartei Deutschlands, Staatschef seit 1971, hatte viele auswärtige Gäste, unter anderen auch den sowjetischen Staatschef Michail Gorbatschow, nach Ost-Berlin geladen. Nun sollten Militärparaden und Tausende Fackel tragende FDJler Geschlossenheit und Stärke eines Staates demonstrieren, dessen künstliche Inszenierung in krassem Widerspruch zum nahenden Kollaps des Systems stand. Dies alles zu einem Zeitpunkt, als sich Tausende von DDR-Bürgern über Prag und Budapest auf den Weg in den Westen gemacht hatten. Die Fahrzeuge der Ausreisewilligen stauten sich bis in die Innenstadt Plauens zurück. Zu einem Zeitpunkt, als es in Leipzig längst Friedensgebete und Montagsdemonstrationen unterschiedlicher Gruppierungen um die Nikolai-Kirche gegeben hatte. „Die Aktionen in Leipzig hatten auch im Westen für öffentliche Aufmerksamkeit gesorgt und sind bis heute im Gedächtnis vieler verankert. Dabei ist den wenigsten bekannt, dass die erste große Massendemonstration in der DDR in Plauen stattgefunden hat", sagt Marco. Dieser Tag gehört zu seinen eindrücklichsten Erlebnissen, der großen Einfluss auf seine späteren Entscheidungen hatte.

Auch in Plauen gab es eine zentrale Veranstaltung zum 40. Jahrestag der Staatsgründung. Diesen Staat wollten die Plauener Bürger jedoch nicht feiern, sie wollten Änderungen, sie wollten gegen die Entmündigung, gegen die Verlogenheit aufbegehren. 15 000 Menschen aus dem ganzen Vogtland zog es auf die Straße, um für Meinungs- und Reisefreiheit zu demonstrieren. Auch Marco war dabei. Seine Eltern hatten ihn mitgenommen. Auf dem Weg zur Kundgebung kamen den Eltern und Marco zwei Polizisten mit sichtbar getragenen Pistolen, Schlagstöcken und einem Schäferhund entgegen. So kannte der Junge das Auftreten der Volkspolizei nicht. Marco erinnert sich an die innere Anspannung, daran, nicht abschätzen zu können, was passieren würde, er erinnert sich daran, dass Angst in der Luft lag, dass die Menschen besorgt, aber zielstrebig die Gefahr in Kauf nahmen.

Die Menschenmenge zog zum Rathaus. Familie Heinzel verlor sich aus den Augen. Marco war mit einem Freund allein unter vielen Fremden. Am Himmel kreiste ein Hubschrauber. Die Angst machte sich breit, dass Tränengas zum Einsatz kommen würde. Die Menschen zogen ihre Taschentücher durch Pfützen, um sie nass zu machen und sich auf diese Weise zu wappnen. Auch verbreitete sich das Gerücht, russische Panzer stünden hinter dem Theatergebäude. An den Straßenrändern standen Uniformierte mit Helmen und Schilden, in ständiger Bereitschaft, in Erwartung eines Befehls loszuschlagen. Bereit wozu? Loszuschlagen gegen wen? Aus welchem Grund? Diese Fragen würden Marco noch lange beschäftigen. Die Kundgebung bewegte sich in Richtung Theater. Statt Panzer standen dort Einsatzfahrzeuge von Sicherheitskräften. Die Menschenmenge umspülte die Fahrzeuge. Einzelne hielten Türen und Heckklappen zu, um das Aussteigen der Uniformierten zu verhindern. Die Situation eskalierte, als ein Feuerwehrauto seine Löschvorrichtungen als Wasserwerfer gegen die Demonstranten einsetzte und mit hartem Wasserstrahl die Menge auseinanderzutreiben versuchte. Ein Kinderwagen wurde umgerissen. Marco hat noch die fliegenden Steine vor Augen, die die Scheiben der Feuerwehrfahrzeuge einschlugen, und er weiß noch, dass das Auto für kurze Zeit von der Straße verschwand; ebenso, dass kurz danach ein Einsatzfahrzeug der Feuerwehr mit vergitterten Fenstern durch die Menge fuhr, um erneut gegen die Demonstranten vorzugehen.

Aus der Kundgebung formierte sich nun ein Demonstrationszug. Dieser, Marco und sein Freund mittendrin, bewegte sich die Bahnhofstraße hinauf, an Hauptbahnhof und SED-Kreisleitung vorbei. Dann ging es von der anderen Seite zurück zum Rathaus, wo in der Zwischenzeit Betriebskampfgruppen, bewaffnet mit Maschinenpistolen, Stellung bezogen hatten. Superintendent Thomas Küttler gelang es, zwischen den Demonstranten und der Staatsgewalt zu vermitteln. Danach löste sich der verbleibende Rest der Kundgebung auf. Marco, der nur wenige Meter entfernt von Küttler stand, hatte Glück. Wäre er noch eine halbe Stunde länger geblieben, wären er und sein Freund in die sich anschließende Welle von willkürlichen Verhaftungen geraten.

„Feuerwehr, Polizei, Armee, alles Institutionen, die doch eigentlich zum Schutz der Bürger existieren sollten, wurden gegen das eigene Volk eingesetzt. Was kann das für ein Staat sein, der solches verordnet, der gegen seine eigene Verfassung handelt?" Noch nach 30 Jahren beschäftigt Marco diese Frage. Die mediale Berichterstattung über den 7. Oktober 1989 in Plauen verfolgte er sowohl über die Nachrichtensendungen bei ARD und ZDF als auch über die „Aktuelle Kamera". „In der Schule spürte man deutlich, wer nur die ‚Aktuelle Kamera' anschaute. Das war das erste Mal, dass ich persönlich spürte, welche Auswirkungen Desinformation, Halbwahrheiten haben können."

Bald nach den Ereignissen stellte sich heraus, dass der eigene Onkel, der Polizist, in einem Streifenwagen durch die Demonstranten gefahren war. Außerdem, dass dessen Sohn, Marcos Cousin, am Steuer eines Feuerwehrwagens gesessen hatte. Dass auch er zu denen gehörte, die den Befehl nicht in Frage gestellt hatten, die Anliegen der Menschen auf der Straße gewaltsam niederzuschlagen. Dass Onkel und Cousin eine konkrete Gefahr nicht nur für all die Demonstranten, sondern auch für ihn persönlich und seine Familie hätten werden können, war verstörend. Einige Jahre danach gestand der Cousin ein, dass er für den Staatssicherheitsdienst tätig und als Spitzel auf die nahe Verwandtschaft angesetzt war. Das empörte Marco, der bis vor Kurzem nicht wusste, dass sich sein Cousin aus freien

Stücken Marcos Eltern offenbart und für seine Spitzeltätigkeit entschuldigt hatte. Im Gegensatz zu Marco pflegen seine Eltern zu Cousin und Onkel ein normales Verhältnis und haben die Stasitätigkeit verziehen. Die Mutter hadert heute eher damit, durch die politischen und gesellschaftlichen Strukturen um viele berufliche Chancen gebracht worden zu sein. „Sie hat es geliebt, mit Kindern umzugehen. Lehrerin zu sein, wäre ihre Berufung gewesen. So musste sie sich vor der Wende und dann auch nachher immer nur durchschlagen und konnte gar nicht selbstbestimmt leben."

Die Stasi-Akten forderten seine Eltern bis heute nicht an. Sie füllten Anträge aus und schickten sie dann nicht ab. Sie zögern, weil sie nicht wissen, was sie mit diesen Informationen anfangen sollten. Was wäre zu tun, wenn sich herausstellte, dass vor 40 Jahren ein Freund sie bespitzelt hat? „Sie glauben, dass sie mit solchem Wissen nicht glücklicher wären", sagt Marco. Obwohl seine Eltern die Nachwendezeit aus beruflichen Gründen ernüchternd und zum Teil sogar enttäuschend erlebten, waren sie froh um die Zukunftsperspektiven, die sich ihren Kindern boten. Für Marco, der 1989 in der neunten Klasse war, verlief der politische und gesellschaftliche Umbruch in der EOS, der Erweiterten Oberschule, reibungslos. „Die Lehrer und Schüler lernten gemeinsam das neue System kennen, ob es sich um Informatik oder wirtschaftliche Zusammenhänge handelte." Marco lacht. Es gab kaum Auseinandersetzungen zwischen denen, die an der Tafel standen, und denen, die auf den Bänken saßen. Die ein oder andere Lehrkraft war plötzlich verschwunden, wie zum Beispiel der jugendliche Geschichtslehrer, der sich vormals sehr für Jugendfreizeiten engagiert hatte. „Er war wohl bei der Stasi", sagt Marco. „Meine Generation hatte Glück. Das ganz große Chaos in der Arbeitswelt haben wir noch aus der Schülersicht gesehen, die Möglichkeiten mit Studium und Ausbildung in ganz Deutschland, der Chance, sich selbständig zu machen, die neuen Reiseziele konnten wir danach nutzen."

In der Wendezeit jobbte Marco zum ersten Mal. Sein Verdienst war schon damals höher als der seiner Eltern zusammen. Seine Berufswünsche wandelten sich: von der Biologie zur Informatik zur Wirtschaftswissenschaft. Allerdings hatte er sich für die Zeit des Studiums einen speziellen Ort ausgesucht. Er wollte nach dem Abitur zur Bundeswehr, zur Panzertruppe. Ganz bewusst. „Ich habe als junger Erwachsener die Bundesrepublik mit ihrer demokratischen Struktur, ihrer Verfassung und der sozialen Marktwirtschaft als das bestmögliche Staatswesen kennengelernt. Denn es ist das Staatswesen, das für uns Menschen, so wie wir gestrickt sind, am besten umsetzbar ist. Außerdem muss man die Freiheit, von der wir hier profitieren, schützen." Marco wollte „etwas zurückgeben", seinen Beitrag leisten, indem er sich für zwölf Jahre verpflichtete. Es hat ihn geschmerzt, dass seine Eltern diesen Schritt so skeptisch begleiteten, ebenso wie den Schritt viele Jahre später, als er sich als Berater für Apotheken selbständig machte. „Es war, als trauten sie mir das nicht zu. Heute weiß ich, dass sie einfach Angst um mich und vor dem Scheitern hatten", sagt Marco.

Vielleicht seien es aber auch ihre eigenen bitteren Erfahrungen in ihren verschiedenen Lebensphasen gewesen, die ihnen das Vertrauen in die eigene Kraft und damit die Kraft ihrer Kinder erschüttert hatten. Da waren einerseits die Kontroll- und Lenkungsmechanismen zur DDR-Zeit, denen man sich wohl oder übel angepasst hatte, um die Familie nicht zu gefährden und andererseits war da der freie Markt der Nachwendezeit, in der man sich schnell abgehängt fühlte. Wenn es etwas gebe, dass seinen Rucksack beschwere, dann sei es dies. „Wenn ich Kinder hätte, würde ich sie ermutigen und nicht abschrecken, würde sie mit Vertrauen und Zuversicht in die Zukunft begleiten." Leider ist ihm das verwehrt geblieben. 2004, im Jahr ihrer Hochzeit, erfuhren Asli und Marco, dass sie keine Kinder würden bekommen können. „Bis ich Marco, seine Eltern und seine Schwester kennenlernte, wollte ich eigentlich gar keine Kinder. Ich konnte mir nicht vorstellen, dass das Projekt ‚Familie' funktioniert", sagt Asli.

Asli ist die einzige Tochter türkischer Gastarbeiter. Sie blickt auf eine schwere Kindheit zurück: Zu ihrer Geburt im Jahr 1975 war die Mutter auf Geheiß des Vaters nach Istanbul gereist. Das Kind sollte unbedingt in der Türkei geboren werden. Kurz danach verließ der Vater seine Familie und heiratete eine deutsche Frau. 1980 wurde die fünfjährige Asli wegen der besseren Zukunftsperspektiven von ihrer Mutter, die in prekären Verhältnissen in Istanbul blieb, zum dominanten Ex-Mann und der Stiefmutter nach Deutschland geschickt. Nur in den Ferien, einmal im Jahr, besuchte Asli ihre türkische Familie. Kam sie in die Heimat oder in die Fremde? Die Frage löst ratloses Schulterzucken aus. „Spätestens in der Pubertät habe ich einen solchen Groll gegen meine Mutter entwickelt, die mich – wie ich dachte – einfach allein gelassen hat. Ich hatte zwischenzeitlich 13 Jahre lang keinen Kontakt zu ihr, war in dieser Zeit nie in der Türkei." Längst hat sich Asli mit ihrer Mutter ausgesprochen. „Sie wollte mein Bestes, konnte wegen der eigenen existenziellen Probleme nicht mehr nach Deutschland zurückkehren; das kann ich heute akzeptieren."

Zwei Rucksäcke kamen im Häuschen der Heinzels zusammen, bepackt mit deutsch-deutscher und deutsch-türkischer Geschichte, die das Aufwachsen von Marco und Asli maßgeblich prägten. Sie kennen die Inhalte beider Rucksäcke. Sie haben das Talent, davon zu profitieren und den anderen um manche Lasten zu erleichtern. Sie haben ein Talent, anderen Menschen offen und zugewandt zu begegnen, eine Fähigkeit, ohne die auch ihr Berufsalltag nicht denkbar wäre. Sie öffnen ihr Herz und ihr Haus und freuen sich an diesem, ihrem Leben, auch wenn es sich nicht planen und berechnen lässt.

d. 25. 2. 1945

Der Tag der Entlassung kann jetzt noch nicht an
werden. Besuche im Lager sind verboten. A
sind zwecklos.

Auszug aus der Lagerordnung:

Jeder Häftling darf im Monat 2 Briefe oder Postkarten empfangen und absenden. Eingehende Briefe dürfen nicht m 4 Seiten à 15 Zeilen enthalten und müssen übersichtlich und gut lesbar sein. Geldsendungen sind nur durch Postanweis lässig, deren Abschnitt nur Vor-, Zuname, Geburtstag, Häftlingsnummer trägt, jedoch keinerlei Mitteilungen. Geld, Fo Bildereinlagen in Briefen sind verboten. Die Annahme von Postsendungen, die den gestellten Anforderungen nicht ent wird verweigert. Unübersichtliche, schlecht lesbare Briefe werden vernichtet. Im Lager kann alles gekauft werden. Nation listische Zeitungen sind zugelassen, müssen aber vom Häftling selbst im Konzentrationslager bestellt werden. Lebensmit dürfen zu jeder Zeit und in jeder Menge empfangen werden.

Der Lagerkomman

Liebste Eltern! Euren Brief erhal
u. auch Paket die Ihr mir geschickt habt. Ihr schreibt imm
ich schreibe nicht ich schreibe al
14 Tage. Nun wie geht es Eu
meine Lieben Hoffentlich g
Mir geht es gut bin gesund. Ich
schreibe immer wenn ich
[illegible]
Ihr wirklich [illegible]
[illegible]
wenn Ihr immer solche Brie
[illegible] Nun [illegible]
ich doch nicht mehr schrei
Nun grüßt mir Marie u. [illegible]
[illegible]

„Es treibt mich um, dass ich ihn nicht mehr habe kennenlernen dürfen"
Monika Stephan

Fast die gesamte Zeit des Nationalsozialismus verbringt Josef Höss in Arbeitshäusern, Gefängnissen und im Konzentrationslager. Monika Stephan hat ihn, ihren Großonkel, nie kennengelernt, trotzdem sucht sie seine Nähe, indem sie sein grausames Schicksal erforscht.

Große Augen schauen den Betrachter an. Ihre Farbe lässt sich nicht bestimmen, denn das Schwarz-weiß-Foto wurde Ende der 1940er Jahre aufgenommen, wenige Monate vor dem Tod des porträtierten Mannes. Josef Höss trägt ein zweireihiges Jackett, Hemd und Krawatte. Der runde Kopf ist leicht geneigt, das dunkle, akkurat geschnittene Haar liegt in Wellen an, auf der linken Seite sorgfältig gescheitelt. Trotz seiner gepflegten Erscheinung blickt hier nicht ein stolzer, selbstbewusster Mann in die Kamera. Die Körperhaltung und der Gesichtsausdruck wirken verzagt und erschöpft. Falten graben sich in die Stirn und in die Wangen. Der Mund mit seiner kräftigen Unterlippe ist fest verschlossen, als gäbe es nichts mehr zu sagen, und zu lachen schon längst nichts mehr. Je länger man dieses Foto betrachtet, das Monika Stephans Großonkel zeigt, desto weniger kann man sich dem intensiven Blick von Josef Höss entziehen, diesen traurigen, das Gesicht dominierenden Augen. Das Gesicht ist gezeichnet von vielen Jahren der Haft in Gefängnissen und im Konzentrationslager.

Monika Stephan, die zwölf Jahre nach dem Tod ihres Großonkels Josef Höss im Jahr 1962 geboren wurde, hatte mir in einem Brief geschrieben: „Es treibt mich um, dass ich ihn nicht mehr habe kennenlernen dürfen. Und ich verspüre Neugier und Sehnsucht nach ihm, das Verlangen, mich mit ihm zu beschäftigen, ihn bei mir zu haben." Monika Stephan wuchs in einem politisch interessierten Haushalt auf. In ihrer Schulzeit wurde der Nationalsozialismus zwar nicht behandelt, die Eltern aber thematisierten die Epoche und die eigene Familiengeschichte sehr wohl. Ihr Vater, Jahrgang 1925, der schon in einer Fernsehreportage in den 1980er Jahren über seine Erlebnisse in der Hitlerjugend berichtet hatte, sprach mit seinen Töchtern offen über seine Kriegserlebnisse als junger Soldat bei der Marine. Er war es auch, der anregte, dass sich die 17-jährige Monika die Fernsehserie „Holocaust" ansehen solle. Die vierteilige amerikanische Produktion, die im Jahr 1979 in Deutschland ausgestrahlt wurde, erzählt die fiktive Geschichte einer jüdischen Familie zur Zeit nationalsozialistischer Herrschaft. Sie erreichte ein breites Publikum und löste eine neuartige öffentliche Auseinandersetzung mit den Verbrechen an der jüdischen Bevölkerung in den Jahren 1933 bis 1945 aus. „Ich konnte die Serie nicht zu Ende anschauen, weil ich Albträume bekam", sagt Monika Stephan heute, die sich dann später intensiv mit den Verbrechen zur Zeit des Nationalsozialismus beschäftigte.

Über ihren Großonkel Josef wurde in der Familie nur am Rande gesprochen. Seit einigen Jahren versucht die Großnichte mehr über diesen Menschen in Erfahrung zu bringen, mehr als das Wenige, das sie als Jugendliche in der Familie gehört hatte. Im Gedächtnis hallen die Worte nach, die sie als junges Mädchen aufschnappte: „Ja, wenn der Josef ins KZ gekommen ist, hat er wieder ins Eiswasser müssen", habe die Großmutter gesagt.

Das Schicksal des Großonkels löst bei Monika immer wieder große Trauer aus; es ist wie ein Phantomschmerz, den sie zunehmend in den letzten zehn Jahren verspürte: die Trauer um einen nahen, aber unbekannten Verwandten, der schon vor seinem Tod um ein würdiges Leben gebracht wurde. Seit August 1933 bis zum Ende der nationalsozialistischen Herrschaft musste der Großonkel sein Dasein fast durchgängig in unterschiedlichen Haftanstalten fristen, die übers ganze Land verteilt waren. Am 24. Juni 1938 wurde er das erste Mal im KZ Sachsenhausen inhaftiert. Nach einer Odyssee durch mehrere Gefängnisse und Lager war er seit Mai 1944 wiederum in Sachsenhausen eingesperrt – bis zu jenem 22. April 1945, als die Insassen des Konzentrationslagers von der sowjetischen Armee befreit wurden. Diesen Tag erlebte Josef Höss, der durch die jahrelangen unwürdigen Haftbedingungen an Tuberkulose erkrankt war, im Krankenrevier. Von den Strapazen und Misshandlungen der vergangenen zwölf Jahre sollte sich Josef nicht mehr erholen. Er starb fünf Jahre später.

Monika Stephan hatte lange darüber nachgedacht, ob die Geschichte ihres Großonkels öffentlich gemacht und ob sein richtiger Name erwähnt werden sollte. „Ich habe mich immer gefragt, ob er es wollen würde. Auf diese Frage wird es wohl nie eine Antwort geben. Vielleicht wäre es ihm nicht angenehm, so herausgestellt zu sein", sagt sie und zuckt ratlos mit den Schultern. Dennoch entschloss sie sich dazu, alles bekannt zu machen, was sie über ihren Großonkel weiß. „Dieser Mensch hat eine Geschichte. Er ist real. Er wurde schon zu Lebzeiten aus der Gesellschaft ausgesondert. Er verschwand, als wäre er lebendig tot. Ich will einfach an seine Person erinnern, ihn aus der Vergessenheit holen und damit auch jene, die Ähnliches erlebt haben." Es ist keine einfache Aufgabe, der sie sich seit dem Tod ihres Vaters widmet, als sie den schriftlichen Nachlass übernahm.

Vor Monika Stephan liegen zwei dicke Aktenordner. Dort finden sich Heirats- und Sterbeurkunden ihrer Vorfahren, Fotos, liebevoll gezeichnete Menükarten von Familienfesten, Briefe und Postkarten. Aber auch alles, was sie über ihren Großonkel aus verschiedenen Quellen, wie dem ehemaligen Konzentrationslager Sachsenhausen, Einwohnermeldeämtern oder den „Arolsen Archives", dem Internationalen Zentrum über NS-Verfolgung, zusammengetragen hat. So erhielt sie viele Auskünfte und Kopien der Originaldokumente, die zum Teil bis heute im Russischen Staatlichen Militärarchiv in Moskau lagern und die Einblicke gewähren in das Leben von Josef Höss. Um alle Postkarten und Aktenvermerke entziffern zu können, brachte sie sich selbst die Sütterlin-Schrift bei. Je mehr sie allerdings in Erfahrung brachte, desto verwirrender und desto unklarer ist das Bild, desto mehr tauchten zusätzliche Fragen auf, die bis heute unbeantwortet bleiben.

Josef Höss, der in der Familie schlicht Sepp hieß, wurde am 24. November 1898 in Prien am Chiemsee geboren. Seine Schwester Maria war eineinhalb Jahre älter, sein Bruder Hans zwei Jahre jünger. Hans erlag mit nur 34 Jahren einer schweren Herzkrankheit. „Der Jüngste war das kränkliche Sorgenkind. Die Älteste, meine Großmutter Maria Theresia, war die einzige Tochter, der Liebling, das Herzepopperl der Eltern. Und der Josef war halt so zwischendrin", sagt Monika Stephan. Die Familie lebte in einfachen Verhältnissen. Urgroßvater Josef war Schreiner, Urgroßmutter Maria war Hausfrau. Später nahm die Familie bis zu sechs Pflegekinder auf. Monika Stephan hatte die jüngste Pflegeschwester ihrer Großmutter, Luise, noch kennengelernt. „Es waren sicher keine ideellen, sondern wohl in erster Linie finanzielle Gründe, warum meine Urgroßeltern die Kinder in Pflege nahmen", sagt Monika Stephan und fügt hinzu: „Trotzdem hat zumindest die Luise gern an ihre Pflegeeltern gedacht und meine Großmutter bis zu deren Tod im Alltäglichen unterstützt." Über die Herkunft und familiären Umstände dieser Kinder weiß Monika nichts. Auch nicht darüber, wie sehr der Zuwachs durch die zunächst fremden Kinder das Familienleben in den 1910er Jahren geprägt hat. Es sei natürlich möglich, dass Josef in dem ganzen Trubel zu kurz gekommen sei. Monikas Großmutter, von ihrem Bruder immer liebevoll „Marie" genannt, heiratete im Jahr 1922 den Chiemsee-Fischer Andreas Stephan. Dieser Ehe entsprang 1925 das einzige Kind Helmut, Monikas Vater.

Maria – Marie – hatte ihren Bruder Josef als heiteren Gesellen in Erinnerung. Sie selbst erlernte das Schneiderhandwerk und brachte es als Meisterin zu einer florierenden Werkstatt mit acht bis zwölf Lehrmädchen. „Die freuten sich immer, wenn der Josef kam, weil er immer so lustig war", pflegte die Großmutter zu berichten. Auf alten Familienfotos sieht man den Buben und jungen Mann vergnügt im Kreis seiner Verwandten stehen, der pausbäckige, charakteristisch runde Kopf mit dem dunklen Haar ist unverwechselbar. Wenn auch seine Großnichte es nicht belegen kann, wird Josef vermutlich höchstens acht Jahre in der Schule gewesen sein. Er erlernte das Schlosser-Handwerk. Einen Beruf, in dem er sich – wie man den Zeugnissen seiner späteren Arbeitgeber entnehmen kann – zu bewähren schien. Eine Postkarte vom Oktober 1915 belegt, dass sich Josef zu dieser Zeit in Kiel aufhielt. Ob er zu dieser Zeit auf der Walz war oder sich bei einem Arbeitgeber im Norden des Landes verdingte, weiß Monika Stephan nicht. Es ist unwahrscheinlich, dass der einfache Handwerksbursche vom Chiemsee zu Urlaubszwecken nach Kiel reiste. Die auf der Karte abgebildeten Schiffe „habe ich schon alle gesehen", kritzelte er auf die Vorderseite.

Im Dezember des Jahres 1916, der Erste Weltkrieg tobte bereits im dritten Jahr, wurde Josef, gerade 18 Jahre alt geworden, zum Militärdienst eingezogen. Vom Februar des Jahres 1917 war Josef Höss Soldat an der Westfront. Monika Stephan vermutet hier das einschneidende Erlebnis, die tragische Wende im Leben ihres Großonkels: An Ostern desselben Jahres erlitt er in der Nähe der nordfranzösischen Stadt Arras eine schwere Kopfverletzung durch einen Granatsplitter, wurde verschüttet und befand sich bis nach Kriegsende in einem Lazarett. Er wurde mit dem Bayerischen Militärverdienstkreuz ausgezeichnet. Eine Kriegsrente bezog er allerdings nicht.

Die Heimkehrer, vor allem die Kriegsversehrten wie Josef Höss, erwarteten prekäre wirtschaftliche Zustände. Deutschland hatte die Schmach und die Bürde des Kriegsverlierers zu tragen. Der Versailler Vertrag hatte dem Land enorme Reparationszahlungen aufgebürdet, die Wirtschaft lag am Boden. Viele mussten sich als Tagelöhner oder Bettler durchschlagen. Josef Höss scheint in dieser Situation Sympathien für die Kommunistische Partei entwickelt zu haben. Dieses geht unter anderem aus späteren Vernehmungsprotokollen hervor. Auch hatte die Großmutter Ähnliches vage angedeutet. „Ein Kommunist in einem oberbayerischen Dorf wie Prien …", Monika Stephan hält inne. „Das hat die Familie als große Schande empfunden. Sie haben ihren Sohn zwar nicht verstoßen, aber skandalös und schambesetzt scheint es schon gewesen zu sein, nach dem Motto: die Familie mit dem Sohn, der so anders war. Nichtsdestotrotz haben ihn die Eltern und die Schwester in den schweren Zeiten mit Geld, Kleidung und Lebensmitteln unterstützt."

Monika Stephan vermutet, dass es zum einen die politischen Überzeugungen und die immer wiederkehrende Suche nach einer Arbeitsstelle waren, die Josef im ganzen Land herumtrieben und ihn daran hinderten, endgültig in sein Heimatdorf zurückzukehren. Zum anderen aber, und das sei ihrer Ansicht nach entscheidend, verlor der junge Mann wegen seiner schweren Kopfverletzung und den traumatischen Kriegserlebnissen den Boden unter den Füßen.

Zwei Postkarten aus Kiel und Hamburg, die im September 1922 abgestempelt wurden, geben bis heute Rätsel auf: Auf der einen schreibt Josef an seine Eltern: „Lebt wohl. Wir sehen uns nie wieder", und auf der anderen wird er präziser: „In einigen Stunden geht es in die weite Welt auf hoher See. Fahre als Schiffsjunge auf einem Paketchinadampfer, Gruß Sepp. Lebt wohl, ich fahre in eine andere Welt ... Hier ist es schön". Ob er damals reiste oder nicht, ist ungewiss. Monika Stephan gelang es herauszufinden, dass ihr Großonkel auf dem Dampfschiff Cap Polonio am 12. April 1923 von Hamburg nach Buenos Aires aufbrach. Jedoch nicht, wie lange er im Ausland blieb, was er dort tat, wann und warum er nach Deutschland zurückkehrte. Es existieren keine Briefe und Postkarten aus den zehn Jahren danach. Über seinen Aufenthalt bis zum Jahr 1933 ist kaum etwas bekannt.

Falls Josef seinen Fuß je auf einen anderen Kontinent gesetzt haben sollte, revidierte er seinen Vorsatz, für immer fern der Heimat zu bleiben, recht schnell. Er kehrte nach Deutschland zurück. Es gelang ihm offenbar nicht, in einem geregelten Arbeitsleben Fuß zu fassen, obwohl er sich selbst um Arbeit bemühte und auch immer wieder kurzfristig angestellt wurde. Aus dem Vorstrafenregister des Jahres 1939, das Monika Stephan aus Arolsen erhielt, lassen sich 42 Vorstrafen ablesen. Zum ersten Mal geriet er am 12. Mai 1920 wegen Diebstahls mit dem Gesetz in Konflikt. Er wurde in den folgenden Jahren wegen Betrugs, Unterschlagung, Landstreicherei, falscher Namensangabe, Nötigung und Beleidigung zur Rechenschaft gezogen. Am häufigsten aber stand er wegen Bettelns und wegen „Bannbruchs", das heißt wegen Verstößen gegen Ein- und Ausfuhrverbote, vor Gericht. Die Strafen wurden in mehreren bayerischen Städten verhängt.

Der körperlich und seelisch versehrte Josef Höss führte seit seinem 20. Lebensjahr eine Existenz am Rande der Gesellschaft. Staat und Gesellschaft gelang es nach dem Ersten Weltkrieg nicht, die Not dieser verlorenen Kriegsgeneration zu lindern. Anders, als es die Bürger des modernen Sozialstaats heute gewohnt sind, existierten weder das gesellschaftliche Bewusstsein noch die wirtschaftlichen Rahmenbedingungen, die Gefährdeten durch sozialpsychologische Betreuung oder geeignete Präventionsmaßnahmen vor dem weiteren Abgleiten zu bewahren. Seine unterschiedlichen Vergehen brachten Josef Höss nicht nur die lange Liste seiner Vorstrafen ein, sondern meist nur wenige Tage oder manches Mal wenige Monate dauernde Aufenthalte in verschiedenen Haftanstalten, und diese verteilt im ganzen Land. Josef hatte vergeblich versucht, sich mit kleinkriminellen Delikten über Wasser zu halten, was ihn jedoch zunehmend zu verschlingen drohte. Das galt besonders für die Zeit nach Hitlers Machtergreifung.

Ins Bild des kampferprobten, heldenhaften Deutschen, das die nationalsozialistische Ideologie propagierte, passte die verlorene Gestalt eines um sein Überleben ringenden, irrlichternden Mannes nicht. Nun änderte sich auch der Umgang mit Menschen, die man dem Zeitgeist gemäß als „asozial", als „minderwertig" betrachtete. Es galt, die Menschen aus der Öffentlichkeit zu entfernen und allenfalls als Arbeitskraft für schwere, unbeliebte Tätigkeiten auszunutzen. Von August 1933 bis April 1934 war Josef im Arbeitshaus Rebdorf in Eichstätt interniert. Warum er dort eingewiesen wurde und ob es aufgrund eines seiner zahlreichen vorangegangenen Delikte geschah, ist unklar. Arbeitshäuser existierten in Deutschland seit dem 17. Jahrhundert und waren seit jeher armenpolitische Institutionen. Dort sammelten sich in erster Linie die Gestrandeten, die Außenseiter der Gesellschaft wie Bettler, Obdachlose, Prostituierte und Waisenkinder. Zum einen sollten Arbeitshäuser Notleidenden Unterstützung gewähren, zum anderen sollten diese aber gleichzeitig durch Arbeit diszipliniert und gemaßregelt werden. Die Nationalsozialisten verschärften die Kriminalisierung von Armut, nachdem in der Weimarer Republik die Belegung von Arbeitshäusern stark zurückgegangen war. Die Weltwirtschaftskrise ab 1929 hatte jedoch viele Menschen in die Arbeitslosigkeit gestürzt. Delikte, die aufgrund von Armut begangen worden waren, hatten massiv zugenommen. „Betteln, Landstreicherei, Gewerbsunzucht, Arbeitsscheuheit, Trunk- oder Spielsucht und Müßiggang" waren justiziabel. All dies war Grund genug, in ein Arbeitshaus eingewiesen zu werden.

Im September 1933, dem Jahr der nationalsozialistischen Machtergreifung, waren Zehntausende Obdachlose verhaftet und in Arbeitshäuser verbracht worden. Auch die Lebensumstände in diesen Institutionen wurden in den Jahren nationalsozialistischer Herrschaft verschärft. Die Arbeit, zu der die Insassen gezwungen wurden, war hart und zählte zu den niederen Diensten, die kaum jemand freiwillig leisten wollte. Später, ab 1938, spielten die Arbeitshäuser kaum mehr eine Rolle, um Menschen, die als „Asoziale" herabgewürdigt wurden, zu disziplinieren. Die Betroffenen wurden nicht mehr von der Justiz verurteilt, sondern direkt als „Vorbeugehäftlinge" in Konzentrationslager verschleppt. Im Herbst des Jahres 1933 war das Arbeitshaus Rebdorf so überfüllt, dass schon damals eine Gruppe von Häftlingen ins Konzentrationslager nach Dachau verlegt wurde. Ob Josef Höss zu dieser Gruppe gehörte, ist bis heute nicht belegt, ebenso wenig, ob er vier Jahre später, als er erneut im Arbeitshaus Rebdorf interniert war, von dort aus ins KZ Dachau kam. Er selbst hatte dies immer wieder behauptet, wenn man den Aussagen von mehreren Zeugen Glauben schenken darf. Es waren Männer, die Josef im Wirtshaus oder auf der Straße kennengelernt hatte. Sie hatten angezeigt, dass Höss ihnen erzählt habe, wie es ihm im KZ Dachau ergangen sei.

Josef selbst hatte dann vor einem Ermittlungsrichter im Jahr 1937 eingeräumt, die Unwahrheit gesagt zu haben, wie es in einem Protokoll nachzulesen ist: „Ich habe gesagt, dass ich von Dachau komme, weil ich hoffte, dadurch leichter wieder Arbeit zu bekommen, als wenn ich wahrheitsgemäß gesagt hätte, dass ich aus dem Arbeitshaus Rebdorf entlassen worden bin. Ich gebe zu, dass ich unwahre Behauptungen bezüglich meiner Unterbringung in Dachau und der dort erfolgten Misshandlungen, aufgestellt habe. Ich war mir nicht bewusst [...], dass ich das Ansehen des Reiches dadurch schädige." Dies war ein Vergehen, das weitaus strenger geahndet wurde als die zahlreichen Delikte, für die Josef Höss vorher bereits in Haft war. Er verstieß damit gegen das Heimtücke-Gesetz, gegen das „Gesetz gegen heimtückische Angriffe auf Staat und Partei und zum Schutz der Parteiuniformen" aus dem Jahre 1934. Dieses Gesetz schränkte das Recht auf Meinungsfreiheit ein, denn es erklärte kritische Äußerungen zu Staat und Partei zu strafrechtlich relevanten Handlungen. Die Tatsache, dass Josef Höss Misshandlungen und Rechtsbrüche im Konzentrationslager Dachau benannte, wie sie dort ja tatsächlich an der Tagesordnung waren, brachte ihm langjährige Haftstrafen ein; weniger schien die womöglich unwahre Behauptung ins Gewicht zu fallen, selbst dort gewesen zu sein.

Trotz seiner eigenen Aussage, gelogen zu haben, wiederholte Josef Höss immer wieder vor Fremden, in Dachau schwer misshandelt worden zu sein. Ratlosigkeit spiegelt sich auf dem Gesicht seiner Großnichte, die vor den Aktenbergen sitzt und keine innere Logik darin entdecken kann: „Entweder war er tatsächlich in Dachau und wurde danach aber vor Gericht gezwungen, seine Behauptung zu widerrufen, dort gewesen zu sein. Oder die Internierung im Arbeitshaus war so schambehaftet, dass er sich als KZ-Häftling ausgab. Immer in der Hoffnung auf Mitleid und kleine Unterstützungen, wenn er in verschiedenen Orten auf Arbeitssuche war." Wenn er nicht selbst in Dachau war, so hat er wohl einiges von anderen Insassen des Arbeitshauses über die Zustände in Erfahrung gebracht. Unverständlich bleibt jedoch, dass er immer wieder auf diese Berichte zurückgriff. Auch als er wusste, wie drakonisch die Strafen waren. „Vielleicht war er doch durch die Kriegsverletzungen und die existenziellen Nöte in den Jahren danach mental und nervlich so angeschlagen, dass er die Konsequenzen seines Handelns nicht überriss und immer wieder die gleichen Fehler machte", meint Monika Stephan.

Besonders hatten ihrem Großonkel die Denunziationen zweier Arbeiter in Rosenheim geschadet. Interessanterweise hatte man in den Ermittlungen die zwei Zeugen auf Glaubwürdigkeit überprüft. Einer der beiden war bereits wegen Meineid vorbestraft. Dies hinderte das Gericht jedoch nicht, Josef Höss, der in diesem Verfahren dringend und vergeblich um eine Gegenüberstellung mit dem Zeugen gebeten hatte, erneut wegen Heimtücke zu verurteilen. Späte Genugtuung hätte Josef Höss noch erlangen können, da ein anderer Denunziant, ein Sturmbannführer der SS, im Jahr 1949 aufgrund des „Gesetzes zur Befreiung von Nationalsozialismus und Militarismus" verurteilt wurde. Damit wurde er zu Wiedergutmachungsleistungen und Aufbauarbeiten verpflichtet und wurde an der Teilhabe am öffentlichen und kulturellen Leben auf Jahre massiv eingeschränkt. Für Monika Stephan ist diese Verurteilung, die ihr als Dokument vorliegt und die auch Bezug nimmt auf die Denunziation ihres Onkels, immerhin ein kleiner Akt der ausgleichenden Gerechtigkeit. Ob Josef Höss von der Verurteilung dieses Mannes wusste, ist indes fraglich, da er zu diesem Zeitpunkt bereits todkrank war.

„Das Tragische ist, dass mein Onkel offenbar ein guter und gewissenhafter Handwerker war", sagt Monika Stephan. Da ist ein Vernehmungsprotokoll aus dem Jahr 1938, das im Gegensatz zu den meisten anderen amtlichen Schriftstücken aus dieser Zeit ein positives Bild auf ihren Großonkel wirft und das zu den Ermittlungen gegen Höss wegen des Verstoßes gegen das Heimtücke-Gesetz gehörte. Zu dieser Zeit schien er für drei Monate in Traunstein bei einem Schlosser in seinem erlernten Beruf tätig gewesen zu sein. Der Gastwirt, bei dem er wohnte, vier Kollegen sowie der Meister wussten nur Positives von ihm zu berichten: Josef zahlte die Miete pünktlich, war ein fleißiger und zuverlässiger Mitarbeiter, der zu keiner Beanstandung Anlass bot. Auch bestätigten diese sechs Zeugen, dass er nie von Erlebnissen im Konzentrationslager berichtete. Diese entlastenden Aussagen nützten Josef allerdings nichts. Er wurde im selben Jahr mehrfach in Schutzhaft genommen und von einem Gefängnis ins nächste verlegt. Zudem geriet er im Juni 1938 wie über 10 000 andere als „asozial" gebrandmarkte Menschen in die Verhaftungswelle, die im Juni durch die Aktion „Arbeitsscheu Reich" ausgelöst worden war. 6000 Personen, darunter auch Josef Höss, wurden ins Konzentrationslager Sachsenhausen verschleppt. Eine Durchführungsverordnung von 1938 besagte, dass als asozial galt, wer „durch gemeinschaftswidriges, wenn auch nicht verbrecherisches Verhalten zeigt, dass er sich nicht in die Gemeinschaft einfügen will". Bei der „Juni-Aktion" wurden auch Juden unter fragwürdigen Vorwänden verhaftet. Die Polizei-Maßnahmen zogen pogromartige Ausschreitungen gegen jüdische Geschäfte und Synagogen nach sich.

Durch die Delikte, die sich in Josefs Vorstrafenregister angesammelt hatten, passte er exakt in die von den Nationalsozialisten definierte Gruppe dieser Aktion, die auf Menschen zielte, die – laut Verordnung – „durch geringfügige, aber sich immer wiederholende Gesetzesübertretungen sich der in einem nationalsozialistischen Staat selbstverständlichen Ordnung nicht fügen wollen". Besonders aber wird ihm der Vorwurf geschadet haben, gegen das Heimtücke-Gesetz verstoßen zu haben. Ein erschütternder Brief, den Josef nach seinem ersten Aufenthalt im Konzentrationslager Sachsenhausen aus dem

Strafvollstreckungsgefängnis München an seine Eltern schrieb, gibt Zeugnis von seiner Verzweiflung und Verstörung. In diesem Brief macht sich Josef vor allem Sorgen darum, ins Gefängnis Bernau verlegt zu werden. Dort arbeitete sein Schwager Andreas, der Großvater von Monika Stephan. „Es berührt mich tief, dass er meinen Großvater durch seine Anwesenheit nicht in Schwierigkeiten bringen wollte, dass er in seiner Situation überhaupt noch daran dachte, seinen Schwager zu schützen."

Wie schlecht es Josef Höss ging, ist nicht nur am Inhalt, sondern auch an den konfusen Formulierungen und den vielen Schreibfehlern zu erkennen, die in anderen Korrespondenzen nicht auftauchen.

„Liebste Eltern,
Hoffentlich habt ihr meine Karten fon Kotran L. erhalten. Teile Euch mit, daß ich fon Kontrazions-Lager Sachsenhausen nach hier zur Verhandlung gekommen bin morgen politische Sache noch fon Traunstein her wo ich der selben Sache schon in Traunstein 7 Wochen in Schutzhaft war u. jetzt Verhandlung hatte. Am Sondergericht hier wurde ich zu 10 Monaten Gefängnis verurteilt. Nun meine lieben Eltern müßte ich Euch bitten im Falle dass ich die Strafe gleich morgen muß, daß Ihr an den Anderl sofort ein Gesuch macht, daß ich meine Strafzeit nicht in Bernau sondern in einer anderen Strafanstalt verbüßen kann. Bin am Sondergericht abgeurteilt Anderl weiß dann schon wo er das Gesuch hin machen muß. Es ist ja noch nicht gesagt, das ich hin komm, da München nach Bernau einfach kann schon sein das ich hier kann wenn kein Gesuch gemacht wird. Er braucht nur schreiben, daß ich sein Schwager bin, das weiß er ja dann selber was zu schreiben ist. Aber das müßt Ihr sovort morgen befor

es zu spät ist Nun meine Lieben, meine Karte werd Ihr erhalten haben fon Kont. Lag. da darf man nicht mehr schreiben als was draufstand u daß mir gut geht. Ja meine Lieben Ihr wenn wüst was für ein armer Teufel ich bin, ja ich muß halt das alles mitmachen auf der Welt. Nun meine Lieben, wenn ich wieder in das Lager komm, wo ich wieder sein muss for oder nach meiner Strafe so bitte ich Euch herzlich schickt mir ein wenig Geld u. laßt mich nicht im Stich, wenn ich Euch auch schon viel Verdruß mache aber jetzt bin ich anders, das müste mal ... [geschwärzt] Mit vielen (bitte schickt mir Geld) Herzlichen Gruß Euer (das ich schreiben kann) unklücklicher Sohn Sepp"

Josef Höss war insgesamt viermal in Sachsenhausen. Zwischen den Internierungen im Konzentrationslager lagen durchgängig Aufenthalte in unterschiedlichen Gefängnissen. Josef kam bis zum Kriegsende nicht mehr frei. In seinen Briefen an die Eltern schrieb er stets, dass es ihm gut gehe und dass er gesund sei. Aus Andeutungen und Schwärzungen geht jedoch hervor, dass die Adressaten nichts anderes erfahren sollten. So lässt sich das Elend nur zwischen den Zeilen herauslesen, wenn er beispielsweise im Januar 1945 schreibt: „Ja liebe Mutter u. Vater jetzt geht ein neues Jahr an. Hoffentlich das Letzte ..." Sechs Wochen später, in seinem letzten Brief aus Sachsenhausen heißt es: „Ihr/schreibt immer warum ich/nie Antwort gebe ja seid/Ihr wirklich [ausradiert] da/kent sich doch nun jeder aus/wenn er immer solche Briefe/griegt. Nun deutlicher kann/Ich doch nicht mehr schreiben."

Monika Stephan hatte sich auf Spurensuche nach ihrem Großonkel in der Gedenkstätte und im Museum Sachsenhausen gemacht. Vor ihr liegt nun der Lageplan

der Baracken. Hier war das erste große Konzentrationslager, das ab 1936 nach der Ernennung des Reichsführers SS
Heinrich Himmler zum Chef der Deutschen Polizei nach
den Plänen eines SS-Architekten errichtet wurde. Bis 1945
waren in dem als idealtypisch geplanten, auf Unterwerfung unter die totale Macht der SS konzipierten Lager über
200 000 Menschen inhaftiert, Menschen, die gemäß nationalsozialistischer Ideologie keinen Platz in der deutschen
Gesellschaft haben durften: Juden, Sinti und Roma, Homo-
sexuelle, politische Gegner sowie „Berufsverbrecher" und
„Asoziale". Monika Stephan tippt auf dem Lageplan zwei
gezeichnete Baracken an. Auch ein Foto liegt vor ihr auf
dem Tisch. Die Orte, an dem diese beiden Baracken gestanden waren und wo Josef Höss damals leben musste,
hatte sie bei ihrem Besuch fotografiert. „Hier war er zu unterschiedlichen Zeiten untergebracht. Er hatte auch mindestens drei verschiedene Häftlingsnummern." Sie weiß,
dass er – wie alle Häftlinge – ein Kennzeichen an seiner
Häftlingskleidung trug. Diese Kennzeichen waren unterschiedlich farbige Dreiecke, die mit der Spitze nach unten
auf die Jacken und Hemden genäht wurden. Sie dienten
der Kategorisierung, so dass das Wachpersonal wusste,
welcher Gruppe der jeweilige Häftling zuzurechnen war.
Die Kleidung von Josef Höss war mit einem schwarzen
Winkel markiert, der signalisierte, dass er zur Gruppe der
„Asozialen" gehörte. Darüber war ein schwarzer Balken
angebracht, der darauf hinwies, dass es sich um einen
„Rückfälligen" handelte. Mehr weiß Monika Stephan allerdings nicht. Sie weiß nichts darüber, wie es ihrem Großonkel im Konzentrationslager erging, wie sein Alltag in all
den Tagen, Wochen, Monaten und Jahren aussah, welche
Arbeiten er verrichten musste, welchen Schikanen und
Drangsalen er ausgesetzt war. Auch der Satz der Großmut-

ter – „dann hat er wieder ins Eiswasser müssen" – hängt ihr in all seiner Bedrohlichkeit ohne greifbaren, konkreten Inhalt nach. Als Josef schließlich freikam, war er ein todkranker, gebrochener Mann. Am 3. Januar 1950 starb er in einem Krankenhaus in Eichstätt. Der Zufall hatte ihn zum Sterben ausgerechnet an denselben Ort geführt, an dem er viele Monate im Arbeitshaus Rebdorf zubringen musste.

Das Schicksal des Josef Höss wurde vom Landesentschädigungsamt in vier Ziffern gepresst: Ziffern, die den Betrag benannten, der erlittenes Leid von Verfolgten zur Zeit des Nationalsozialismus ausgleichen sollten. Den Antrag auf Entschädigung hatten die Eltern Josefs bereits einen Monat nach dessen Tod im Februar 1950 gestellt. Als der Antrag im Jahr 1962 schließlich mit einem Vergleichsvorschlag entschieden wurde, waren beide Elternteile verstorben, so dass die Ansprüche auf Josefs Schwester, Monika Stephans Großmutter, übergingen. Ursprünglich hatte man drei Aufenthalte Josefs im Konzentrationslager Sachsenhausen als „entschädigungsfähige Zeiten" anerkannt. Im Vergleichsvorschlag heißt es: „Bei dieser Sachlage dürfte eine vergleichsweise Regelung des Anspruches für Schaden an Freiheit für 32 Monate in Höhe von DM 4.800 angemessen und vertretbar sein." Zu dieser Zahlung kam es jedoch nicht. Ein Vorgesetzter, dessen Name nicht, der Doktortitel jedoch gut leserlich ist, hatte in einem handschriftlichen Vermerk den Betrag erheblich reduziert. Eine der Begründungen lautete: Josef Höss „ist zwar wegen Heimtücke verurteilt worden, in Wirklichkeit war er vorher niemals in Dachau und wollte durch seine Erzählung nur Mitleid erwerben. Ohne das Heimtückegesetz wäre er wegen Betrug und Bettelei verurteilt worden [...] Die KZ-Haft erfolgte wegen der Kriminalität und entfällt." Der Unterzeichnende war mit DM 2000 „Abgeltungsvergleich" einverstanden. Für Monika Stephan ist dieses Schriftstück eines der schmerzlichsten, denn es marginalisiert das Elend ihres Onkels und wirft ein schlechtes Licht auf die Gesinnung mancher Verantwortungsträger noch lange nach dem Krieg. „In den Augen vieler waren Menschen wie er halt einfach nur Kriminelle. Als hätten sie die harten Haftbedingungen, die Stigmatisierung und sogar die Aufenthalte im Konzentrationslager verdient; als würde bei diesen Menschen die Willkür und Grausamkeiten eines Unrechtsstaates keine Rolle spielen."

Die lapidare Aktennotiz unter dem Vergleichsvorschlag war einer der wichtigsten Gründe für die Großnichte, die traurige Geschichte ihres Großonkels bekannt zu machen. Steht sie doch stellvertretend für die vielen Menschen, die auf ihren Häftlingskleidern den schwarzen Winkel trugen und deren Schicksale kaum Beachtung finden.

Monika Stephan wird weiter recherchieren, um die Lücken in der Biografie von Josef zu schließen, all die Rätsel und Ungereimtheiten zu lösen – vor allem aber, um ihrem nahen Verwandten noch näher zu kommen.

„Etwas anderes als Sieg hat es für uns gar nicht gegeben"
Manfred Klose

Die Heimat seiner Kindheit wurde restlos zerstört. Manfred Klose teilt mit vielen Menschen – damals im Zweiten Weltkrieg genauso wie heute – die Erfahrung des Verlustes der Heimat und der Vertreibung. Der junge Flüchtling von damals hat neue Wurzeln geschlagen.

Die sonnengelbe Tischdecke mit provenzalischem Muster bringt Sommer in den grauen Januarmorgen. Manfred Klose, seine Frau Gertrud, die Töchter Ulla und Barbara sitzen in der Stube der Karlsruher Altbauwohnung. Fotos hängen über der Sitzecke und erzählen vom herzlichen Familienleben und von der Sportbegeisterung des Hausherrn. Badische Brezeln, eine Landkarte Polens und ein dickes Buch liegen bereit für den Gast. Die Uhr tickt an der Wand, der Kuckuck schnellt mehrfach aus dem Türchen, um die vollen Stunden zu verkünden. Die Zeit vergeht im Flug, während Manfred Klose aus seinem Leben berichtet. Er tut dies chronologisch und präzise, mit badischem Akzent, die schlesische Herkunft merkt man ihm nicht an; Daten und Namen gehen ihm über die Lippen, als hätte er die Ereignisse erst vorgestern erlebt. Alles, was er berichtet, liegt jedoch schon viele Jahrzehnte zurück. Vor einigen Monaten feierte Manfred Klose seinen 90. Geburtstag. Seine Töchter hatten in einem Brief geschrieben, dass die Zeit des „Dritten Reichs" ihren Vater in den letzten Jahren stark umgetrieben hatte, dass ihn heute seine damalige Begeisterung für Hitler und sein eigenes jugendliches Entsetzen über den versuchten Umsturz im Jahr 1944 belasteten. Sie schrieben: „Er würde gerne bei Ihrem Großvater Abbitte leisten, wenn er denn könnte [...] so sagte er unlängst." Rucksack, das sei ein passendes Bild. Sie wollen gerne ihrem Vater beim Tragen des Rucksacks helfen.

Manfred Klose hatte vor einigen Jahren dem Drängen seiner Familie nachgegeben und begonnen, seine Erinnerungen in einem Buch niederzuschreiben, das vor ihm auf dem Tisch liegt. Es trägt den Titel: „Erzähl mir Dein Leben". Hier fächert er seine Kindheit und Jugend auf; diese – und damit auch die Niederschrift – endete am 8. Mai 1945, am Tag des offiziellen Kriegsendes in Europa. Die Chronik seiner Erlebnisse nach diesem einschneidenden Tag knüpft er nun nahtlos an.

Manfred Klose wurde am 23. September 1929 im niederschlesischen Kawallen bei Breslau, im heute polnischen Kowale, als einziges Kind von Max und Martha geboren. Der Vater war Polizeibeamter. Später, als die Familie nach Breslau-Hundsfeld umzog, befand sich die Polizeidienststelle nur 200 Meter entfernt von der „kleinen schönen Zweizimmerwohnung", an die sich Manfred Klose noch gut erinnern kann. „Wir waren eine gute kleine Familie. Ich war der Einzige und wohlbehütet von Mama und Papa! Es waren ja Friedenszeiten", schrieb Manfred in sein Erinnerungsbuch. Der Besitzer des Hauses, in dem Kloses wohnten, besaß nebenan ein landwirtschaftliches Anwesen. Hier durfte Manfred, den die Familie liebevoll „Pummer" nannte, die Tiere versorgen helfen und mit dem Bauern auf dem Pferdegespann aufs Feld fahren. In unmittelbarer Nähe befand sich die Volksschule, die der

Junge bis zum 10. Lebensjahr, bis zum Übertritt auf die Mittelschule, besuchte. Werner, Lothar, Gerhard, Bärbel, Uschi – die Namen etlicher Schulfreunde sind präsent, auch wenn er ihnen seit der Kindheit nicht mehr begegnet ist. Schon bevor er als Pimpf ins Jungvolk aufgenommen wurde, war er emsiges Mitglied der „Kinderschar", die nationalsozialistische Organisation für Sechs- bis Zehnjährige. Geleitet wurde die Gruppe von einer Frauenschar-Führerin, die Manfred mit kindlichem Enthusiasmus verehrte. So sehr, dass er auch ihren Namen bis heute nicht vergessen hat. „Wir durften ‚Uniform' tragen! Und wie war ich stolz und verpasste kaum einen Dienst", erzählt Manfred Klose.

1939 war für Manfred und seine Freunde ein Jahr voller aufregender Erlebnisse. Überall in der Stadt wurden Soldaten einquartiert. Bei Kloses zog ein Unteroffizier ein, ein Pilot, dessen Flugzeug auf dem Feldflugplatz beim Wasserturm von Breslau-Hundsfeld stand. Manfred war fasziniert von den Geräten und den Waffen des neuen Mitbewohners, der ihn einmal sogar auf dem Pilotensitz Platz nehmen ließ. „Ein unvergessliches Erlebnis", sagt Manfred Klose. Er erinnert sich an imposante Aufmärsche im August 1939: „Truppen über Truppen rasselten durch die Hundsfelder Hauptstraße." Am 1. September begann der Zweite Weltkrieg mit dem deutschen Überfall auf Polen. Der Unteroffizier war so schnell verschwunden, wie er aufgetaucht war.

„Heute weiß ich, was dann alles passiert ist. Was wir Deutsche uns da geleistet haben ...", seufzt Manfred Klose und lässt den Satz unvollendet in der Stube stehen.

Aber damals dachte er noch anders: Endlich – so die Sicht des Zehnjährigen – durfte er dem Jungvolk beitreten. Nun gab es neue Uniformen, eine für den Winter, eine für den Sommer. „Mit großer Begeisterung waren wir dabei. Hatten Sport, Heimabende, lernten marschieren und singen in Zugstärke." Manfred machte eine „Karriere" vom „Hordenführer" über „Jungenschaftsführer" zum „Jungzugführer". Dies hatte Veränderungen an der Uniform zur Folge, die Manfred Klose heute noch haarklein beschreiben kann. Ebenso seinen damaligen Enthusiasmus und den mächtigen Stolz, fast wie ein echter Soldat und „Teil des großen Ganzen" gewesen zu sein. Mit 14 Jahren trat er der Hitlerjugend, der Flieger-HJ bei. In einem einwöchigen Lehrgang legte er die „A-Prüfung" für den Segelflug ab. Sein Ziel war, Jagdflieger zu werden. Prominente Vorbilder gab es genug, für die er und seine Freunde schwärmten.

Da gab es den Slogan, der ihm wie so vielen seiner Altersgenossen sofort in den Sinn kommt, wenn er an diese Lebensphase zurückdenkt. Hitler hatte ihn in einer Rede am 14. September 1935 in Nürnberg geprägt. 50 000 Hitlerjungen waren zusammengekommen und waren vom „Führer" auf dem Reichsparteitagsgelände martialisch auf die nationalsozialistische Ideologie und auf die künftige Kampfbereitschaft eingeschworen worden: „Flink wie ein Windhund, zäh wie Leder und hart wie Kruppstahl". Dieser Satz sollte in Fleisch und Blut übergehen. Auch Manfred in Breslau hatte ihn verinnerlicht, er hörte ihn immer und immer wieder. Nicht nur in der HJ, sondern auch von Sportlehrer Hoffmann, einem „knallharten, älteren Herrn", der die Kinder mit diesem Spruch zu Höchstleistungen anspornte. Zu dieser Zeit war der echte Krieg noch weit weg, er war blanke Theorie, der Traum einer verführten Jugend. Erstmal ging es um das erhabene Gemeinschaftsgefühl, um Sportsgeist, um Kampfbereitschaft, um Idole, um die gottgleich verehrte Gestalt des „Führers".

Die plötzliche Anwesenheit eines „Neuen" in der Klasse, es muss 1943 gewesen sein, deutete an, dass es nicht überall in Deutschland so friedlich zuging wie in Manfreds Leben. Der neue Mitschüler war, wie Tausende andere, wegen ständiger schwerer Luftangriffe vom Rheinland nach Schlesien verschickt worden.

Der Krieg, den Hitler zielstrebig angezettelt hatte und der überall in Europa tobte, wirkte sich lange wenig auf das Leben der Familie Klose aus. Der Vater hatte nicht in den Krieg ziehen müssen. Er war Jahrgang 1891, hatte bereits im Ersten Weltkrieg gekämpft und galt als zu alt. „Für uns Buben herrschte tiefer Frieden", schreibt Manfred in sein Buch. Breslau, das von den Kriegswirren bisher weitgehend verschont geblieben war, wurde im Volksmund der „Reichsluftschutzkeller" genannt. „Nur im Klassenzimmer war Krieg. An der Landkarte!", sagt Manfred. Hier verfolgten die Kinder den Vormarsch und später den Rückzug der Wehrmacht. Anfangs herrschte, so erinnert er sich heute, große Begeisterung, später, angesichts der militärischen Rückschläge, Ratlosigkeit: „Und dann ...?" Trotzig habe es dann geheißen: „Aber wir siegen!!" Und: „Räder müssen rollen für den Sieg", das habe man auf allen größeren Plätzen lesen können. „Etwas anderes als Sieg hat es für uns begeisterte Hitlerjungen gar nicht gegeben", sagt Manfred Klose und schüttelt den Kopf. „Aber es kam alles anders." Seine Finger tippen leise auf das Buch, als er das sagt. „Wir wollten harte Jungs sein", sagt er.

1943 wurde Manfred 14 Jahre alt. Ein Alter, in dem man Melder bei der Luftschutzpolizei werden konnte. Das wusste er genau. So ließ Manfred einem Kollegen seines Vaters keine Ruhe, bis dieser die Einstellung des Jungen als Luftschutzmelder veranlasste. Wieder war Manfreds ganzer Stolz die neue Bekleidung, die die jungen Melder zu den Übungen tragen durften. Sie ähnelte der Uniform der Luftwaffe. Sogar Stahlhelm und Gasmaske wurden ihm und seinen zwei neuen Freunden ausgehändigt. Nach den Sommerferien im Jahr 1944 wurden die drei Jungen gemeinsam mit den Männern des Luftschutz-Rettungsdienstes „kaserniert", kurz danach in die Polizei-dienststelle von Manfreds Vaters verlegt. Am Vormittag gingen sie in die Schule, danach hatten sie Bereitschaft auf der Wache, wo sie auch die Hausaufgaben erledigten. Bei Alarm zogen sie sich mit den Polizisten in den Luft-schutzkeller zurück. Für Manfred war es ein Abenteuer mit Familienanschluss. „Bis dann ab Oktober 1944 das Schanzen begann", sagt Manfred Klose. An jedem Tag der Woche mussten Männer, Frauen und die Hitlerjugend Panzergräben ausheben und Panzersperren bauen; mit Hacke und Spaten sollte ein Ostwall vor Breslau errichtet werden. „Wir waren im Raum Oels eingesetzt, östlich der Weide, dem Fluss, in dem wir oft und gern badeten", sagt Manfred Klose. Man wusste, dass die russische Armee bereits im Raum Warschau stand, und meinte, auf diese Weise das Blatt wenden zu können. Hitler hatte Breslau zur Festung erklärt. Sie sollte – so auch die Überzeugung des Gauleiters Karl Hanke – als Bollwerk gegen die Sowjet-armee um jeden Preis gehalten werden, oder untergehen. Dieser Befehl würde bis Kriegsende vielen Tausend Menschen das Leben kosten und die Zerstörung der Stadt nach sich ziehen.

An einem Samstag, dem 7. Oktober 1944, erhielt Manfred den Befehl, auf dem Turm der evangelischen Kirche in Hundsfeld den Beobachtungsdienst zu übernehmen. Dort oben hatte die Luftschutzpolizei einen Posten, um

Luftlagemeldungen weiterzugeben. Manfred freute sich über die verantwortungsvolle Aufgabe. Er freute sich, im Turmstübchen mit Bett und Stuhl zu sitzen – das Feldtelefon an seiner Seite, mit Verbindung zur Polizei. Mit dem großen Fernglas hatte er eine herrliche Sicht über ganz Breslau und konnte sogar in den Hof und das Haus spähen, in dem seine Familie wohnte. „Es wurde mir nicht langweilig", schreibt er. Alles sei so richtig nach seinem Geschmack gewesen, bis das Telefon in den frühen Abendstunden geklingelt habe: „Luftlagemeldung: 15. Das heißt: noch 15 Minuten bis zum Fliegeralarm und Eintreffen der feindlichen Verbände. Und plötzlich krachte und knallte es schon. Motorgeräusche von Flugzeugen. Es wurde taghell." Die Flugabwehr schoss, das konnte Manfred sehen und hören. Der 15-Jährige hockte nun da oben, versuchte, pflichtbewusst seinen Dienst zu leisten. Über das Telefon meldete er noch Brände im Nachbarort, bis endlich die ersehnte Ablösung kam. Nun war der Krieg keine Theorie mehr; sichtbar, hörbar, spürbar Angst einflößend. Wie er die Wendeltreppe des Kirchturms nach unten kam, weiß er nicht mehr. Im Lärm des Flak-Feuers und der Detonationen rannte er, so schnell er konnte, zum Luftschutzkeller der Polizei-Dienststelle, wo ihn sein besorgter Vater erwartete.

Ziel der Luftangriffe waren in erster Linie die Rüstungswerke rund um Breslau. Hier wurden unter anderen Tausende von Zwangsarbeitern eingesetzt, die zum Teil in Lagern kaserniert oder bei Privatleuten untergebracht waren. Dass sich im Heimatort Manfreds ein Außenlager des Konzentrationslagers Groß-Rosen befand, in dem Zwangsarbeiter und zeitweise auch jüdische Häftlinge eingesperrt waren, wusste der Junge nicht. Er dachte, bei den Bauten handle es sich lediglich um „normale" Industrieanlagen der Firmen Borsig und Linke-Hofmann-Busch, die Lokomotiven und Waggons produzierten. Mit den Verbrechen der Nationalsozialisten kam er wissentlich nicht in Berührung. Er erinnert sich an einen Zug, der durch Breslau gen Osten fuhr. Woher er kam und wohin er fuhr, weiß Manfred bis heute nicht, ahnt es jedoch. Er sieht noch die Arme, die sich aus schmalen Luken zwängten, die Hände, die winkten. Es habe geheißen, dass dies ein Transport von Strafgefangenen sei. Das hatte Manfred nicht in Frage gestellt, das Thema hatte ihn dann nicht weiter beschäftigt, es hatte ihn – er zuckt ratlos mit den Schultern – einfach nicht betroffen.

Später, nach dem Krieg, hatte er seinen Vater gefragt, ob dieser gewusst habe, was mit den jüdischen Mitbürgern geschehen sei, ob er Kenntnis hatte von all den Mordaktionen, von den Vergasungen, von der Vernichtung. „‚Nein‘ war damals dessen Antwort, davon hat er nichts gewusst", erzählt heute der Sohn, der die Antwort seines Vaters nicht in Zweifel zieht. Er ist froh, dass Max Klose die Aufgaben eines einfachen Schutzpolizisten verrichtete. Sein Wirkungskreis, die Revierzweigstelle Breslau-Hundsfeld, war auch für Manfred, den kleinen „Pummer", überschaubar, er hatte ja zeitweise sogar den Berufsalltag mit dem Vater geteilt.

Bis Ende 1944 war es „verhältnismäßig ruhig", erinnert sich Manfred Klose. Er kann sich an keine weiteren Luftangriffe entsinnen, jedoch daran, dass schon ein bedrohlicher Schatten über Breslau lag. Daran, dass es nach der Jahreswende sehr kalt geworden war und sich dicke Schneeschichten übers Land legten. Daran, dass Flüchtlingstrecks aus dem östlich von Breslau liegenden Raum Kalisch und Wielun eintrafen und die Hundsfelder Hauptstraße verstopften. Manfred und seine Kameraden standen als Melder vor der Polizeiwache auf ihrem Posten und sahen all die Frauen, die Kinder und die alten Menschen auf den Pferdefuhrwerken. Manfred sieht noch die Frau vor sich, die ihr Kind in den Armen hielt und verzweifelt nach einem Arzt schrie: „Frau Dr. Friedrich kam und stellte auf der Wache den Tod fest." Mit dem Revieroberwachtmeister, der Reservist bei der Polizei und im zivilen Leben Schneidermeister war, wurde er zu einem Unfall am Ortsausgang befohlen. Ein Pferd hatte sich ein Bein gebrochen und war im Gespann gestürzt. Manfred erinnert sich: „Für das Pferd gab es nur den Gnadentod. Herr Müller konnte das nicht tun und bat mich, das zu machen. Mit seiner 08." So musste ein 15-jähriger Junge mit der geliehenen Pistole des Revieroberwachtmeisters ein Pferd erschießen.

Irgendwann ebbte der Flüchtlingsstrom ab. Erst dann kam die offizielle Mitteilung, die eine Mischung aus Befehl und Erlaubnis zu sein schien: Auch die Hundsfelder sollten ihren Ort verlassen, um sich nach Breslau zu begeben. Die Mutter beschloss zu fliehen. Der Vater hatte sich in der schlesischen Hauptstadt beim Schutzpolizei-Abschnittskommando Nord einzufinden. Kurz danach hieß es, dass alle Melder unter 16 die „Festung Breslau" verlassen könnten, die um jeden Preis gehalten werden sollte. In diese Kategorie fiel Manfred mit seinen 15½ Jahren.

Irgendwann in den ersten Wochen des Jahres 1945, im bitterkalten Breslau, im Chaos des Krieges, inmitten der vielen Menschen auf der Flucht, zwischen dem drohenden Niedergang und der die Realität verachtenden Durchhalteparolen, machte sich Manfred auf die Suche nach seiner Mutter. „Im tiefen Schnee, bekleidet mit einem viel zu langen Pelzmantel der Luftwaffe, von dem ich nicht mehr weiß, woher ich ihn hatte, stapfte ich verheult zum ‚Freiburger Bahnhof'. Flüchtlinge über Flüchtlinge, schreiende

Menschen." In dem überfüllten Durcheinander begegnete der verzweifelte Junge „dem Mann mit der roten Mütze". Ihn wird Manfred sein Leben lang nicht vergessen: Ein Bahnhofsvorsteher hatte die Not des Buben erkannt, nahm sich seiner an und ließ den Namen der Mutter über den allgemeinen Lautsprecher aufrufen. „Und siehe da, ein Wunder geschah", Manfred ist noch heute fassungslos. Aus dem tausendfachen Getümmel tauchte plötzlich seine Mutter auf, die ihren Sohn in die Arme schloss.

Manfred und seine Mutter bestiegen den Zug nach Strehlen, um sich zur Verwandtschaft ins etwa 40 Kilometer entfernte Töppendorf durchzuschlagen. Aus diesem Ort stammte die Mutter, dort lebten noch ihre Eltern und ihr Bruder mit Familie auf einem Hof mit großer Landwirtschaft. Ihre Schwester Alma war Bäckermeisterin und betrieb dort mit ihrem Mann Martin eine Bäckerei. In Töppendorf hatte Manfred immer seine Sommerferien verbracht. Hier lernte er mit Pferden, Kühen und Schweinen umzugehen. Seine Leidenschaft galt den Pferden. Als Mutter und Sohn in Töppendorf ankamen, war die Freude „gedämpft groß", wie es Manfred Klose ausdrückt, denn „der schwere Treckwagen war schon bepackt." Da die russische Armee nahte, verließ die Familie kurz darauf mit vielen anderen Landwirten den Ort. Nur Manfreds Großvater Julius Hirsch blieb zurück. Er weigerte sich stur, seinen Hof und den Ort zu verlassen, an dem er geboren worden war und sein ganzes Leben verbracht hatte. Sein Großvater wurde später – wie die Familie nach Kriegsende erfuhr – tot in seinem Bett aufgefunden. Im Dorf erzählte man, eine Granate sei im Dach des Hauses eingeschlagen und deutsche Soldaten hätten ihn bei der Kirche beigesetzt. Manfred Klose hält es für möglich, dass sein Großvater nicht den Russen zum Opfer gefallen ist, sondern deutschen Soldaten, die seinen handgreiflichen Zornausbrüchen ein Ende setzen wollten, weil sie sein Schwein geschlachtet hatten.

Manfred erzählt von der Flucht: „Die schwer bepackten Pferdewagen knirschten im Schnee und Eis. Wir fuhren vierspännig." Włodek, der polnische Knecht, der die Familie noch lange begleitete, und Manfred mussten zum Teil vier Pferde vor die Wagen spannen, um die Last bergauf ziehen zu können. „Die Erinnerung an den Włodek hängt mir manchmal nach. Er hat so viel mit uns durchgestanden und ich war nicht nett. Hab ihm Schimpfworte an den Kopf geworfen und gesagt, dass wir es den Polen noch zeigen werden und so dummes Zeug. Entschuldigen konnte ich mich später nicht mehr, als ich endlich zur Einsicht gekommen bin. Mir tut das heute noch so leid. Als ich nach 60 Jahren – 2005 – das erste Mal wieder in Töppendorf war, hab ich nach Włodek gefragt, er lebte nicht mehr."

Zielort war Kaiserswalde, das nahe der Grenze zum damaligen Sudetenland lag und das sie nach wenigen Tagen erreichten. An ein „schreckliches Erlebnis" erinnert sich Manfred, als ein einmotoriges sowjetisches Flugzeug, in Soldatenkreisen als „Schlächter" bezeichnet, in nur 50 bis 100 Metern Höhe über den Köpfen der Flüchtlinge hinwegbrauste, begleitet von den panischen Schreien der Menschen am Boden. Es geschah aber nichts. Keine Bomben, keine Maschinengewehrsalven. „Er hätte unserem Treck den Garaus machen können. Hat er aber nicht, sonst säße ich heute nicht hier", sagt Manfred.

In Kaiserswalde blieben Manfred nur die täglichen Nachrichten im Radio über den Verlauf der Front und vor allem die Frage: Wie sieht es in Breslau aus? Denn Papa war ja in der Festung." Und immer noch war Manfred überzeugt: „Wir siegen noch!" Er sei so verrückt in seinen Ansichten gewesen, dass er doch noch zurück nach Breslau wollte, um zusammen mit der Hitlerjugend den „Endsieg" zu erreichen. Der Junge hatte herausgefunden, dass in der Nähe öfter ein Fieseler Storch landete, ein Kurierflugzeug der deutschen Luftwaffe. Dessen Pilot hätte Manfred mitgenommen. Großmutter, Mutter und Tanten wussten dies zu verhindern. „Eins habe ich aber trotzdem gemacht: Ich habe dem Piloten einen Brief an Papa mitgegeben: ‚An Meister der Schutzpolizei Max Klose, Breslau, Sternstraße, SAK Nord'", erzählt Manfred und kann es heute kaum glauben, dass sein Vater diesen Brief tatsächlich erhielt. So wusste dieser, wo sich seine Familie befand, was die spätere Zusammenkunft nach Kriegsende und nach der Kriegsgefangenschaft von Max Klose ermöglichte.

In Kaiserswalde erlebten der Junge und seine Familie den Frühling. Ihre Gastgeber waren geflohen wie die meisten Bewohner des Ortes. Am 30. April erreichte ihn die Nachricht: „Unser geliebter Führer Adolf Hitler fiel den Heldentod im Führerhauptquartier in Berlin." Für ihn sei eine Welt zusammengebrochen, erzählt Manfred Klose. Als er später erfuhr, dass Hitler sich selbst das Leben genommen hatte, dämmerte ihm zum ersten Mal, dass er einer großen Lüge aufgesessen war.

Kurz darauf kam die Kunde, dass Breslau am 6. Mai kapituliert habe. Und schließlich kam der 8. Mai 1945: die bedingungslose Kapitulation Deutschlands. An diesen Tag kann sich Manfred Klose noch sehr genau erinnern: „Am Morgen marschierte eine Kompanie deutscher Soldaten, bestens ausgerüstet, durch Kaiserswalde. Mensch, wieso haben wir den Krieg verloren mit so einer Einheit?" Am selben Tag, einige Stunden später begegnete Manfred zum ersten Mal einem sowjetischen Soldaten. Dieser saß auf einem Wagen, der von einem zottigen Panjepferd gezogen wurde. Eine Maschinenpistole hing dem Mann um den Hals, eine Panzerfaust lag hinten im Wagen im Heu. Der Mann rief „woina kaputt". „Das sollte heißen, der Krieg ist aus", sagt Manfred, der auf Geheiß des Mannes mit dessen Kalaschnikow in die Luft schießen und die Panzerfaust ins Nirgendwo abfeuern musste. „Er wirkte freundlich und erlöst. Es hat sich um einen versprengten russischen Soldaten gehandelt. Der hatte wohl mehr Angst als wir." Kurz danach ritt eine kleine Einheit sowjetischer Kavallerie durch den Ort. „Sie schossen mit Pistolen in die Luft und bedeuteten mir, dass ich sofort die Schaftstiefel auszuziehen und zu übergeben habe." Die Stiefel waren eine Leihgabe der Tante und ein wertvoller Besitz in diesen Zeiten.

Wieder wussten die Töppendorfer nicht, was zu tun sei. Das Gerücht war zu ihnen durchgedrungen, dass es den Deutschen im Sudetenland schlecht erging, was gegen das Weiterziehen durch die Tschechoslowakei sprach. Auch wusste zunächst noch keiner, dass Schlesien polnisch werden würde, wie es die Alliierten durch die Westverschiebung Polens beschlossen hatten. So entschied die Familie Ende Mai 1945, wieder nach Töppendorf zurückzukehren. Der Bauernhof lag verlassen da. Von Nachbarn erfuhren sie vom Tod des Großvaters.

Zu Beginn konnte die Bewirtschaftung des Hofes noch mit Hilfe der Pferde erledigt werden, bis eines Tages russische Kavallerie auftauchte und drei der vier Tiere konfiszierte. Manfred versteckte daraufhin das vierte, sein Lieblingspferd Lore in der Maschinenhalle zwischen Dreschmaschine und Hauswand hinter Stroh. Wenige Tage später allerdings erschien erneut ein russischer Soldat, steuerte zielstrebig auf die Maschinenhalle zu und holte das Pferd aus dem Versteck. „Ich habe Rotz und Wasser geheult. Vorne hat der Soldat am Zügel gezogen und fuchtelte mit der Pistole herum, ich hing am Schwanz und wollte die Lore nicht gehen lassen", erinnert sich Manfred.

Zur Ratlosigkeit, wie es nun weitergehen solle, gesellten sich ganz neue Lebensumstände: die Ankunft einer vierköpfigen Familie am „Hirsche-Hof" Anfang Juni 1945, die aus ihrer, an die Sowjetunion fallenden, ostpolnischen Heimat vertrieben und nach Schlesien zwangsumgesiedelt worden war. Nun gab es neue Herren im Haus: Herr und Frau Stepanski, mit ihren beiden Söhnen und zwei Panjepferden. „Nun waren wir auf einen Schlag die Knechte", sagt Manfred.

Am 31. August 1945, dem Geburtstag des Großvaters, wollte die Familie in einer Trauerfeier von Julius Hirsch Abschied nehmen. Der Tag wurde aber zu einem Datum freudigen Wiedersehens. Manfreds Vater stieß ganz überraschend zu seiner Familie in Töppendorf. Er hatte die Kapitulation in Breslau miterlebt, war in russische Kriegsgefangenschaft nach Stalingrad verschickt worden und im Gegensatz zu vielen anderen frühzeitig entlassen worden. Das Glück war jedoch nur von kurzer Dauer. Am Tag darauf machte sich Max Klose zusammen mit seiner Frau auf den Weg nach Strehlen. Er sollte sich bei der polnischen Kommandatur melden. „Dort angekommen, wurde er im Beisein meiner Mutter fast zu Tode geprügelt und in den Keller zu anderen Eingekerkerten geschmissen. Wahrscheinlich, weil er Deutscher oder weil er Polizist war. Oder vielleicht beides", sagt Manfred Klose. Sechs Wochen behielt man ihn an diesem Ort, an manchen Tagen ohne Nahrung. Einmal, so erzählte Max Klose es seinem Sohn später, habe man ihnen nach einer Hungerphase Salzheringe vorgesetzt und dann für 24 Stunden nichts zu trinken gegeben. Zwei Häftlinge seien daran gestorben. „Als mein Vater entlassen wurde und zu uns zurückkkam, hab ich ihn nicht wiedererkannt", sagt Manfred. Der Vater sollte sich nicht mehr erholen. Keiner in seiner Familie hat ihn danach jemals lachend erlebt. „Er war ein duldsamer, stiller, aber gebrochener, schwer kranker Mann, bis zu seinem Tod im Jahr 1962", sagt Manfred.

Die unfreiwillige Wohngemeinschaft von Manfreds Familie mit den Neuankömmlingen bot indessen kaum Grund zur Klage. Von Herrn Stepanski lernte der Junge sogar, Rebhühner zu fangen. „Die Stepanskis haben uns nicht schlecht behandelt. Die waren ja auch arm dran, weil sie selbst gezwungen worden sind, ihre Heimat zu verlassen", sagt Manfred. Den Bewohnern des ehemaligen Hirsche-Hofes gelang es einigermaßen, für die Verpflegung aller zu sorgen. Tante Alma, die Bäckermeisterin, hatte noch Mehl im Speicher, so dass Brot gebacken werden konnte; außerdem hatte man noch Getreide geerntet und gedroschen. Manchmal glückte es Manfred, ein Ei zu stibitzen, das die neu erworbenen Hühner laut gackernd gelegt hatten, und an Frau Stepanski vorbeizuschmuggeln.

Etwa ein Jahr später endete die Schicksalsgemeinschaft mit den Stepanskis. In den frühen Morgenstunden des 12. August 1946 läuteten die Kirchenglocken; Lautsprecherdurchsagen verkündeten, dass die deutschen Dorfbewohner Töppendorf verlassen mussten. „Wir hatten schon vorher vom polnischen Bürgermeister erfahren, dass wir nicht bleiben durften. Das Handgepäck war längst gepackt." Am Bahnhof in Strehlen wurden sie jeweils zu siebzig in Viehwaggons verladen. Über vier Tage ging die Fahrt ins sächsische Bad Schandau. Ob sie in dieser Zeit etwas zu Essen bekamen, weiß Manfred nicht mehr. Er erinnert sich nur an den quälenden Durst. Erst am Bahnhof in Guben, Grenzstadt an der neuen deutsch-polnischen Grenze, gab man den Insassen der Waggons Tee. „Endlich. Wie war das herrlich", sagt Manfred. Überhaupt die Nahrung! Das würde ab jetzt für längere Zeit eine der größten Sorgen bleiben.

Nach der Ankunft in Bad Schandau wurden Manfred und seine Familie in einem Lager in Prossen interniert. Er erinnert sich an die Entlausung mit DDT-Pulver, an den beißenden Hunger, der ihn dazu brachte, eines Tages aus dem Lager auszubrechen, unter dem Stacheldraht durchzuschlüpfen, rote Rüben aus dem benachbarten Acker zu ziehen und diese trotz des schrecklichen Geschmacks roh zu verzehren. Danach gab es eine Zwischenstation in einem Gasthaus, in dem Kloses im ehemaligen Tanzsaal auf Strohsäcken schliefen. „Der hilfsbereite Wirt hatte uns, da waren wir etwa noch 25 Personen, mit Kartoffelsuppe empfangen. Das war Gold wert. Als wir da wieder weg mussten, wurde es aber richtig schlimm", erzählt Manfred.

Nun wurden die Familien auf Privathaushalte verteilt. Kloses wurde eine Kammer unter dem Dach im Haus eines Maurermeisters zugewiesen. Dieser hatte nichts als Groll und Abscheu für die Neuankömmlinge übrig. Der Hausherr mauerte etwa den Kamin zu, den Kloses zum Anheizen des Öfchens in ihrer winzigen Kammer benötigt hätten. „Ich habe meinen Vater bestaunt, dass er ruhig geblieben ist", sagt Manfred, „ich hätte den Mann vor Wut am liebsten die Treppe runtergeschubst." Im Winter wurde es bitter kalt, eine dicke Eisschicht bildete sich auf der Bettdecke, unter der die drei Kloses zu schlafen versuchten. Die Familie bekam die geringste Ration der Bezugsscheine zugewiesen, da zunächst keiner von ihnen arbeitete. Die Lebensmittel reichten nicht aus, um den Hunger zu stillen. Die große Frage der Familie war zu lösen: „Was wird aus Manfred? Was wird aus dem Pummer?"

Manfred wurde Hilfskraft eines Vermessers, der das Land rund um Strehla im Zuge der ersten Bodenreform in der sowjetisch besetzten Zone – nach der Enteignung des Grundbesitzes über 100 Hektar – zu vermessen hatte. Manfred erinnert sich, dass er und sein „Chef" bei jeder Gelegenheit Mohrrüben und andere Gemüsesorten von den Äckern stahlen. Die Beschaffung von Essen war das wichtigste Thema in dieser Zeit: Gemeinsam mit seinem Vater ging Manfred von Haus zu Haus, um Brot zu erbetteln. „Da habe ich einen gewissen Eindruck von der Spendenbereitschaft unserer neuen Nachbarn bekommen. Kaum einer rückte ein Stück Brot heraus, obwohl die Menschen ganz offensichtlich genug zum Teilen gehabt hätten." Abfall wurde zur Leibspeise: „Meine Mutter röstete Kartoffelschalen in rötlich-braunem Zucker an. Ein Gedicht!", sagt Manfred Klose.

Im Frühjahr 1947 erhielt Manfred eine Einberufung: Er sollte im Erzbergwerk im vogtländischen Aue unter Tage eingesetzt werden. Auf keinen Fall jedoch wollte sich Manfred in diesen Dienst stellen lassen, auf keinen Fall wollte er in der sowjetisch besetzten Zone bleiben. Sein großer Traum war, wie sein Vater Polizist zu werden, dies aber nicht unter kommunistischer Führung. „In einer Nacht- und Nebelaktion habe ich mich davongemacht. Nur meine Eltern, die zunächst in der Kammer des schrecklichen Maurermeisters zurückblieben, wussten Bescheid. In einem Jutesack, an den meine Mutter Riemen angenäht hatte, habe ich ein paar Habseligkeiten verstaut", sagt Manfred. Mit der Bahn schlug er sich nach Karlsruhe zu seiner Tante, der Schwester seines Vaters, durch. Es war eine beschwerliche Reise, auf der er sich unter anderem auf einem Bahnhof verstecken und auf einen fahrenden Zug aufspringen musste, um die Grenzkontrollen zwischen den Besatzungszonen zu umgehen und nicht wieder nach Sachsen zurückgeschickt zu werden. Auch im amerikanisch besetzten Karlsruhe war die Verpflegung Manfreds die Hauptsorge. Die Tante bemühte sich redlich um den Neffen, konnte mit ihren Bezugsscheinen jedoch nur äußerst knapp für sich und ihre drei Kinder sorgen. Ohne Bezugsscheine aber konnten keine Lebensmittel gekauft werden. Manfred half für freie Kost und Logis einem Schäfer in dessen Landwirtschaft, der ihn nach dem Einbringen der Ernte im August 1947 unerwartet entließ. „Ich hätte ihm am liebsten den Hals umgedreht. Jetzt stand ich wieder da, ohne Dach überm Kopf, ohne Verpflegung", sagt Manfred Klose.

Über Kontakte seiner Tante gelang es Manfred, eine Anstellung in der Polizei-Hundeschule zu bekommen. Hier war er für die Verpflegung der Hunde zuständig. Zudem wurde er als „Figurant" eingesetzt, als menschliches Übungsobjekt für die Hunde, mit denen der Kampf gegen Kriminelle trainiert wurde. „Da musste ich dann den Einbrecher spielen, der davonläuft. Heutzutage haben Figuranten einen Schutzanzug. Ich hatte einen gepolsterten Arm, in den die Hunde bissen. Angst durfte ich da nicht haben." Sein Chef wurde sein Förderer und väterlicher Freund. Seiner Vermittlung verdankte Manfred schließlich den Eintritt in den Dienst der Schutzpolizei im Dezember 1947. So konnte er nicht nur seinen Traumberuf ausüben, sondern auch eine Traditionslinie fortsetzen, die mit seinem Vater begann und die inzwischen in der vierten Generation fortgeführt wird – viele Jahre später würde auch eine seiner Töchter und ein Enkel in den Polizeidienst eintreten –, es hatte damals aber zunächst auch ganz praktische, für Manfred existenziell wichtige Konsequenzen: Denn er erhielt Bezugsscheine für seine Verpflegung. Außerdem wurde er offiziell als Bürger Karlsruhes anerkannt und musste nicht mehr fürchten, in die Sowjetische Besatzungszone abgeschoben zu werden.

1954 heiratete Manfred Gertrud, für deren Vater, einen Kohlenhändler, er einmal einen Hund auf seine Wachsamkeit getestet hatte. Dem Ehepaar gelang es zwei Jahre später, die Eltern Manfreds aus der DDR nach Karlsruhe zu holen. Der schwerkranke Max Klose starb 1962, seine Frau Martha hochbetagt im Jahr 2000. Drei Kinder, Thomas, Ulla und Barbara, kamen zur Welt. Sie haben acht Enkel. Zwei Enkel, Felix und Axel, sind als junge Männer verstorben. Ein schwerer Schicksalsschlag, der die Eltern der Jungen zusammen mit der ganzen Familie in ihrem Glauben gefestigt und noch enger hat zusammenrücken lassen. Jeden Morgen zündet Manfred Klose eine Kerze vor deren Fotos an und hält Zwiegespräche „mit seinen Buben". Nun hängt der älteste Urenkel Philipp an den Lippen seines Urgroßvaters, wenn dieser aus der fern wirkenden Zeit seiner Jugend erzählt, die ihn heute mehr denn je umtreibt. „Was haben die Deutschen nicht nur sich selbst eingebrockt? Was für ein Leid haben wir in die Welt gebracht. Was für Lasten haben wir anderen aufgebürdet?", so fragt er sich immer wieder. Er kann gerade angesichts der zunehmenden nationalistischen und rechtsextremistischen Tendenzen in Europa nur den Kopf schütteln. „Der Rucksack wird im Alter eher schwerer, wenn man auf die eigenen Irrtümer blickt. Es ist wichtig auszupacken, im wörtlichen wie im übertragenen Sinn", sagt er und tippt versonnen auf das schwarze Buch, das vor ihm liegt.

Lieber Vater!

Da wirst Dich wundern von mir aus Kladno einen Brief zu bekommen, der mit großen Komplikationen verbunden ist. Um es kurz zu machen, ich bin verhaftet worden wegen dem Versetzungsgerät, das euch bei uns zu Hause und von Leuten unterschrieben war, die aus dem Putsch am 20.4. mehr oder weniger beteiligt waren, näheres weiß ich darüber auch nichts. Da[nn] hin ich hier vors Feldgericht und die Sache hat [...] dann natürlich geklärt. Praktisch bin ich also [...] nur weil ich noch auf den Bescheid der höheren Stelle warten. Einst weiter bin ich noch in [...]
_____
[...] alles wieder in Ordnung, ich bin gesund und von [...] großen Last befreit, da ich zuerst überhaupt nicht wußte was eigentlich los war. Am Freitag vor 8 Tagen wurde ich in der Stadt um 10⁵ Uhr verhaftet [...] ein paar Tagen, in denen ich mit allen Mitteln versuchte Klarheit zu schaffen (was mir aber nicht gelang) [...] ich dann nach Berlin transportiert. Nachdem ich dem [...] beim Feldgericht war, fiel mir ein riesiger Stein vom Herzen, und ich wurde auch wieder besser behandelt. Sage der Mutti bitte nichts von der ganzen Sache, [...] werde ihr selber schreiben wenn ich frei bin.

„Dinge passieren eben, da kann ich nichts machen"
Christoph von Bechtolsheim

Mein Großvater hatte ihn ins Gefängnis gebracht – so hätte mein Schwiegervater Christoph von Bechtolsheim die Sache sehen können. Zeit seines Lebens sprachen wir nicht darüber. Erst nach seinem Tod erhielt unsere Familie die Chance, seine Erlebnisse in der Zeit des Nationalsozialismus und damit auch den Mann, den wir kannten, besser zu verstehen.

In unserem Haus gibt es ein „Archiv". So wurde seit jeher der unscheinbare Biedermeier-Schrank genannt, in dem Menschen über vier Generationen die Dinge ablegten, die sie für überlieferungswürdig erachteten: Hier liegen ungeordnet Zeitungsartikel, Briefe, Urkunden, Listen, Aktenordner und Pläne durcheinander. Fotoalben stapeln sich, in denen auf winzigen Abbildungen Männer in Uniform auf Pferden und in Gräben zu sehen sind. Es sind Szenen aus dem Ersten Weltkrieg, sie wirken eingefroren, kulissenartig; Menschen erstarrt im Miniaturformat, fein säuberlich für die Nachwelt erhalten. Dazwischen Liebesbriefe einer jungen Frau an ihren Verlobten, Postkarten neben Zeichnungen unter amtlichen Schreiben, das Familiengrab betreffend. Und immer wieder kleine graue zusammengefaltete Bögen, Feldpost aus dem anderen großen, dem Zweiten Weltkrieg. Kurze Botschaften eines jungen Mannes, an seine Eltern, voller Heimweh und Sehnsucht. Als nun der einst junge Mann, Christoph von Bechtolsheim, Ehemann, Vater von vier Töchtern und einem Sohn, meinem Mann, fünffacher Schwiegervater und Großvater von 16 Enkelkindern, mit 90 Jahren starb, fanden wir in der verschlossenen Schublade seines Schreibtischs alles das vor, was er nicht ins „Archiv" hatte legen wollen. Vielleicht war es ihm dort zu öffentlich, vielleicht auch zu weit weg. Es war der Inhalt seines Rucksacks, der immer auch unserer war, ohne dass wir je einen Blick in ihn werfen duften. Da lagen nun verschiedene Passfotos, auch das des jungen Soldaten, der damals die sehnsuchtsvollen Feldpostbriefe an seine Eltern geschrieben hatte. Ein Kindergesicht an der Schwelle zum Erwachsenen, in dem wir wiederum die Mienen seiner Enkel entdeckten. Und gerade weil wir alle unsere eigenen Kinder darin erkannten, konnten wir uns so schwer vorstellen, was diesem Jungen wie so vielen Jungen seines Alters widerfahren war: Dass dieser Junge, der schüchtern und unsicher in die Kamera blickte, im Jahr 1943 von der Schulbank weg- und in den Krieg hineingezogen worden war. Er, der sich schon als Kind für die Maschinen und Motoren auf dem elterlichen landwirtschaftlichen Hof interessiert und davon geträumt hatte, Ingenieur zu werden, ahnte zum Zeitpunkt der Fotoaufnahme nicht, dass aus seinem Berufswunsch niemals etwas werden, dass er noch nicht einmal würde die Schule regulär beenden dürfen. Man, und wer auch immer „man" war, hatte anderes mit ihm vor: Christoph wurde zunächst zum Reichsarbeitsdienst eingezogen, noch im selben Jahr in den Kriegsdienst als Offiziersanwärter beim Luftnachrichten-Regiment in Berlin-Kladow. Seine Zuversicht und sein Vertrauen in die Welt und die Menschen fanden im Dezember 1943 an der Ostfront ein jähes Ende. Wir fragen uns, ob er es je vermochte, sie wieder zurückzugewinnen.

Die verschlossene Schublade enthielt zahlreiche Schriftstücke aus dem Jahr 1944. Es waren vor allem Briefe von Vater Max, von Bruder Georg und von Christoph selbst. Alle umkreisen zeitlich und inhaltlich den 20. Juli 1944. Mit den Vorbereitungen des Attentats und den dramatischen Vorgängen dieses Tages hatte der damals knapp 19-jährige Christoph zwar nichts zu tun gehabt, aber das Datum hatte großen Einfluss auf sein weiteres Dasein. Der missglückte Versuch, Hitler mit einen Sprengsatz zu töten und einen Staatsstreich herbeizuführen, hatte nach dem Scheitern umfassende Ermittlungen durch das Reichssicherheitshauptamt und eine Verhaftungswelle ausgelöst. Von dieser Welle war auch Christoph erfasst worden. Mehrere Wochen verbrachte er in Einzelhaft. Nach einigen Tagen wurde er verlegt, er selbst vermutete, in ein Lager in Oranienburg und dann in ein Gefängnis in Berlin-Kladow. Da er immer allein war, konnte er bis auf einen Namen keinen Mithäftling benennen, auch kannte er die Namen der Aufseher und des leitenden Personals nicht.

Zunächst wusste er nicht, warum er verhaftet worden war, wie wir aus einem ausführlichen Brief Christophs vom 15. August 1944 aus seiner Arrestzelle erfahren. Der Vater, schreibt der „dankbare Sohn Christoph" in seiner ordentlichen, nach rechts geneigten, gut leserlichen Schrift auf dem in vielen Jahren vergilbten Papierbogen, mit einem Bleistift, der im Verlauf der eineinhalb Seiten immer stumpfer wird, solle sich bitte keine Sorgen machen, er sei gesund und von einer großen Last befreit. Auch soll, so die ausdrückliche Bitte, „die Mutti" erstmal nichts „von der ganzen Sache" erfahren. Außerdem, im anrührend wirkenden Widerstreit der Gefühle des jungen Erwachsenen: „... ich bin groß genug und weiß auch, wie ich zu handeln habe. Trotzdem würde ich mich riesig freuen, Dich mal zu sehen, nur weiß ich nicht wann." Erst in den Verhören, so geht es aus dem Brief hervor, waren Christoph die Zusammenhänge bewusst geworden. Man hatte in ihm einen Beteiligten oder zumindest einen Mitwisser der Erhebung vermutet und ihn des Hochverrats beschuldigt.

Ursache war ein Versetzungsgesuch, das „von Leuten unterschrieben war, die an dem Putsch am 20.7. mehr oder weniger beteiligt waren", wie Christoph seinem Vater erklärt. Dieses Versetzungsgesuch war im Bendlerblock, auf dem Schreibtisch Stauffenbergs, meines Großvaters, gefunden worden. Max, der Vater meines Schwiegervaters, hatte in einem Brief vom 8. Juni 1944 Stauffenberg um Hilfe für seinen Sohn gebeten. Dieser Brief lag nun als Kopie in mehreren Durchschlägen vor uns. Ebenso das Schreiben an einen anderen Bekannten von Max, Oberstleutnant N., der wie mein Großvater im Bendlerblock, dem Sitz des Oberkommandos des Heeres, Dienst tat. Es handelte sich um das gleiche Anliegen. Er hatte sich an die beiden Männer gewandt, weil er eine Versetzung seines Sohnes in ein anderes Regiment erreichen wollte. Anlass waren, wie wir diesen Schreiben entnehmen können, Christophs belastende Erlebnisse in seinem Kriegseinsatz, in der „ersten Frontbewährung" im Osten.

In welcher Situation auch immer Christoph sich „bewähren" musste, am Ende dieser Zeit war ihm ein verhängnisvolles Missgeschick unterlaufen. Das hatte ihm eine strenge Disziplinarstrafe eingebrockt, so, als hätte er eine Straftat begangen: Seine Stiefel waren beim Trocknen auf dem Ofen verbrannt. Christoph wurde mit Arrest bestraft, wurde degradiert und bekam die andauernde Missgunst seiner Vorgesetzten zu spüren. Das habe ihn sehr bedrückt, schreibt sein Vater. Außerdem hätten „Unschönes und unbeherrschtes Benehmen von Vorgesetzten", Erfahrungen mit „mangelhaften" Offizieren das Vertrauen Christophs zerstört. Man kann die Sorge des Vaters förmlich fühlen, das diplomatische Bemühen, die Andeutungen. Weiteren Feldpostbriefen aus dem Jahr 1944 können wir entnehmen, dass sich Vater und Sohn persönlich getroffen hatten. Da hatte Christoph wohl Detaillierteres zum „Unschönen" und „Mangelhaften" an der Front erzählt, so dass sein Vater offenbar alle Hebel in Bewegung gesetzt hatte, seinem verzweifelten Sohn zu helfen.

Max selbst hatte als Angehöriger des Schwere-Reiter-Regiments in München im Ersten Weltkrieg gekämpft und war an dessen Ende als Rittmeister aus dem Dienst ausgeschieden. 1936 war er als Berufsoffizier reaktiviert worden. In seinem Brief an Stauffenberg bezog er sich nun darauf, wie mein Großvater einem Reiter-Regiment angehört zu haben, er erwähnte gemeinsame Bekannte und Verwandte, wie beispielsweise den Onkel Stauffenbergs und „die Gräfin", womit er wohl meine Großmutter meinte. Auch auf Ludwig von Leonrod und Rudolf Freiherr von Marogna-Redwitz beruft sich Max in seinem Brief. Sie waren Regimentskameraden Stauffenbergs. Max wollte mit diesen Referenzen die eigene Nähe und sein Vertrauen zum Angeschriebenen bezeugen und dem Anliegen Nachdruck verleihen: Er bat Stauffenberg darum, Sohn Christoph zum 17. Reiter-Regiment in Bamberg zu vermitteln. Dort hatte Stauffenberg selbst seine Offizierslaufbahn begonnen. Diese Nähe, die familiären und beruflichen Querverbindungen, wäre meinem Schwiegervater fast zum Verhängnis geworden. Nicht nur Stauffenberg wurde umgebracht, auch Ludwig von Leonrod und

Rudolf Freiherr von Marogna-Redwitz sind im Zuge der Verfolgung nach dem 20. Juli 1944 in Plötzensee gehängt worden.

Hitler hatte noch am 20. Juli 1944 in einer Rundfunkansprache glauben machen wollen, dass es sich bei den Verschwörern um „eine ganz kleine Clique ehrgeiziger, gewissenloser und zugleich unvernünftiger, verbrecherischdummer Offiziere" gehandelt habe. Die Ermittler mussten aber erkennen, dass der Kreis der Verschwörer viel größer war als zunächst angenommen und viel komplexer als propagandistisch beschworen. Es war einerseits ein fein und weit gewobenes Netzwerk unterschiedlicher gesellschaftlicher Gruppen. Andererseits basierte das nötige Vertrauen zwischen vielen Verschwörern auf Verwandtschaft, tiefer Freundschaft, auf Erfahrungen im gemeinsamen beruflichen Umfeld, wie zum Beispiel im 17. Reiter-Regiment, dem einige Mitverschworene entstammten. So belasteten der Name des Adressaten, Stauffenberg, und die Namen der persönlichen Referenzen meinen Schwiegervater schwer. In den Augen der Ermittler musste dieser Brief höchst verdächtig sein.

Christoph gelang es nur mühsam, die Ermittler davon zu überzeugen, dass er den Plänen des Staatsstreichs gänzlich unbeteiligt und ahnungslos gegenüberstand: „Nach ein paar Tagen, in denen ich mit allen Mitteln versuchte Klarheit zu schaffen (was mir nicht gelang), wurde ich dann nach Berlin transportiert. Nachdem ich dann beim Feldgericht war, fiel mir ein riesiger Stein vom Herzen, und ich wurde auch wieder besser behandelt", schrieb er seinem Vater. Er wurde nach etwa drei Wochen von den Vorwürfen freigesprochen, freigelassen wurde er jedoch erst nach weiteren ungewissen Wochen in Untersuchungshaft. Wieder intervenierte der Vater, er wurde bei der Gestapo vorstellig. Erst dann konnte Christoph die Arrestzelle des Gefängnisses in Berlin-Kladow verlassen. Das Versetzungsgesuch spielte nun keine Rolle mehr, Christoph kam an die Ostfront. Man könnte meinen, Christoph sei dorthin geschickt worden, um sich seiner auf diese Weise zu entledigen.

Mein Schwiegervater nahm an Einsätzen in Litauen, Estland und Ostpreußen teil und geriet in den sogenannten Kurland-Kessel. Anders als die meisten seiner Kameraden überlebte er diesen. Hitler hatte im Oktober 1944 befohlen, dass sich die Heeresgruppe Nord und zudem Luftwaffen- und Marineeinheiten in Kurland einschließen lassen sollten. Eine tödliche Falle für die meisten der 500 000 deutschen Soldaten, die in sechs Schlachten von den sowjetischen Streitkräften aufgerieben wurden. Wieder kam Oberstleutnant N. zu Hilfe, der schon im Juni Christophs Versetzungsgesuch unterstützt hatte. N. war einer der letzten Offiziere, die aus dem Kessel ausgeflogen wurden. Er erklärte kurzerhand Christoph zu seinem Burschen, ließ ihn das Flugzeug besteigen und der vagen Hoffnung aufs Überleben entgegenfliegen. Wie lange diese Hoffnung währte, lässt sich schwer ausmalen, zumal Christoph schließlich noch bei der Ardennenoffensive eingesetzt wurde, in einem Himmelfahrtskommando an der Westfront. Als amerikanischer Kriegsgefangener erlebte er das Kriegsende und konnte im August 1945 nach Hause zurückkehren.

Mit seinem Retter verband Christoph aber wohl kein herzliches Verhältnis. „Irgendwie mochte er ihn nicht", erinnert sich mein Mann. N. habe angeblich unmittelbar nach dem Krieg meinen Schwiegervater bedrängt, einer Werwolf-Gruppe, nationalsozialistische Partisanen, die den Kampf gegen die alliierten Besatzungsmächte aufnehmen wollten, beizutreten, schließlich habe er, N., ihm ja das Leben gerettet. Mein Schwiegervater habe sich geweigert. Sein Sohn kann sich nicht erinnern, wer diese Andeutungen in sein Gedächtnis eingepflanzt hat und wie sehr sie der Wahrheit entsprechen. Er ist sich sicher, dass es nicht die Eltern waren, die ihm davon erzählten.

Christoph hatte Glück. Empfand er Glück?

Nach dem Krieg, im Jahr 1947, wird er einen Antrag auf Ausstellung eines Ausweises für ehemalige KZ-Insassen stellen. Hier ist zu lesen, dass keine „Sonderstrafen", wie es im Formular gedruckt steht, über ihn verhängt worden waren, „außer dass ich am Anfang öfters verhauen wurde." Sein Antrag wurde später negativ beschieden, sein Schicksal fiel nicht in die Kategorie der politisch Verfolgten durch das NS-Regime, was den Tatsachen entsprach. Welcher Kategorie jedoch entspricht seine Geschichte? Wie hätte er seine Geschichte bezeichnet? Geschichte eines Absichtslosen, eines Unpolitischen, eines Hineingeratenen, Geschichte eines Glücklichen oder eines Glücklosen?

Mein Mann hatte irgendwann erfahren, dass der 20. Juli 1944 seinem Vater Schwierigkeiten eingebrockt hatte. Er vermutet, dass nicht einmal Christophs Frau, meine Schwiegermutter, von all den Erlebnissen ihres Mannes wusste. Sie hatte bei ihren Kindern nur ganz allgemein um Verständnis für den Vater gebeten, da er – und hier blieb sie vage – Schreckliches erlebt habe. Das begründete sie damit, dass ihr Mann oft schreiend aus dem Schlaf aufschreckte, in dem ihn der Krieg in wiederkehrenden Albträumen plagte. Am wahrscheinlichsten ist, dass mein Mann das Wenige, das er erfuhr, von seiner Großmutter hörte. Wie bedeutend die Ereignisse für das

Leben meines Schwiegervaters gewesen sein müssen, erkennen wir daran, dass jeder einzelne Brief, jeder einzelne Durchschlag, jedes Dokument und jedes Schriftstück, das mit seinem Schicksal im Jahr 1944 zusammenhing, in diesem kleinen Papier-Paket in seiner unmittelbaren Nähe überdauerten. Besondere Bedeutung schien eine Liste verschwundener Dinge zu haben, die ihm bei der Verhaftung abgenommen und nach der Freilassung nicht mehr zurückgegeben wurden: Besonders der Verlust des Reichssportabzeichens und seiner Schweizer Uhr gingen ihm nahe.

Christoph sprach mit seinen Kindern nie über das, was er erlebt hatte. Auch die nächste Generation konnte kaum etwas in Erfahrung bringen. Einer seiner Enkel sollte für ein Referat in der Grundschule einen Familiengehörigen interviewen, der den Krieg erlebt hatte. Da der Großvater in unmittelbarer Nähe wohnte, lag es nahe, ihn um dieses Gespräch zu bitten. Es wurde ein Termin gesucht und festgelegt. Am vereinbarten Sonntagnachmittag klingelte der Enkel vergeblich an der Haustür seines Großvaters. Da niemand öffnete, wandte sich das Kind an einen Nachbarn, der ihm aus seinen Erlebnissen im Krieg bereitwillig berichtete. Von diesem Nachbarn erfuhr die Familie später, dass mein Schwiegervater an besagtem Sonntagnachmittag unter massiven gesundheitlichen Problemen gelitten hatte und nicht in der Lage gewesen war, seinen Enkel ins Haus zu bitten. Jeder hätte das verstanden, in der Sprachlosigkeit aber begriff es keiner. Enttäuscht hatte sich das Kind ab- und einem anderen zugewandt. Einige Jahre später hatte es der Junge, ohne schulischen Anlass, noch einmal versucht; der Großvater hatte angedeutet, dass er als junger Soldat Trauriges mitansehen, erleben, ja auch tun musste; dass er selbst zwar überlebt hatte, während viele, die ihm damals nah waren, so jung hatten sterben müssen. Das war mehr, als wir alle je in Erfahrung bringen konnten.

Als wir nun vor dem schriftlichen Nachlass meines Schwiegervaters, diesem staubigen Häuflein verschiedenster Papiersorten saßen, entwickelte dieses in Kombination mit den Fotografien eines Heranwachsenden einen ungeahnten Wert für uns. Nun erzählten uns all die vergilbten Schriftstücke, die durchscheinenden Seiten, die vielen, seinerzeit von den verschiedensten Menschen getippten Buchstaben ganz Entscheidendes vom Vater, Schwiegervater, Großvater, das er selbst uns hatte nicht erzählen können oder wollen. Sie erzählten uns auch von all dem Verlorenen. Verloren gegangen waren konkrete Dinge, die ihm bei der Verhaftung abgenommen wurden und die Christoph akribisch auflistete. Verloren gegangen war aber auch das Gefühl, dass sich alles zum Guten wende und dass es im Leben mit rechten Dingen zuginge. Dieser empfundene Verlust war lebenslänglich.

Plötzlich fügte sich so manches, das wir nie verstanden hatten, zu einem klareren Bild eines Menschen, dessen Verhalten zu seinen Lebzeiten manchmal fremd und unnahbar erschien. Da war die Liebe zu Uhren unterschiedlichster Art, die er pflegte und unermüdlich aufzog, eine Aufgabe, die er niemandem so recht zutraute. In seinem Haus tickte es von verschiedenen Seiten unablässig, klingelte und bimmelte es zu jeder Viertelstunde. Das Zusammenspiel von Schönheit, Mechanik und Präzision interessierten und faszinierten ihn. Da war aber auch die stets präsente Sorge, in existenzielle Not zu geraten, die Sorge, dass Mangel ihn bedrohen könne, die Sorge, Dinge aus der Hand zu geben, die Sorge, die Kontrolle über das eigene Leben zu verlieren. Die Strategie war, bescheiden zu leben, extrem sparsam mit Ressourcen umzugehen, nichts zu verschwenden. Diese Haltung forderte er auch strikt von seiner Familie. Er war darauf bedacht, das Eigene gewissenhaft zu hüten und – wenn möglich – anderen nicht anzuvertrauen.

Entscheidungen fielen ihm oft schwer. Manche Entscheidungen schob er möglichst lange hinaus oder überließ sie anderen. Besonders, wenn es um die Erziehung und Ausbildung seiner Kinder ging, blieb er sprachlos. Somit mussten manches Mal andere handeln und Verantwortung übernehmen, wenn er zögerte. Somit waren es auch die anderen, die Fehler machten und die er dann für Fehler verantwortlich machte. Er fand immer wieder Gründe, anderen entstandene Missgeschicke und auch die eigene Verdrossenheit zu verübeln. Diese Neigung war der Sorge geschuldet, von anderen ins Unglück gestoßen zu werden. Diese Sorge wiederum schien sich, wie wir nun erkannten, aus der eigenen, konkreten Erfahrung zu speisen, die mein Schwiegervater in den Jahren 1944/45 selbst gemacht hatte und die er den Ereignissen des 20. Juli zu „verdanken hatte", der Tat Stauffenbergs. Ausgerechnet des Mannes, dessen Enkelin sein Sohn vor vielen Jahren in die Familie gebracht hatte. Wie mag es ihm dabei ergangen sein? Stellte es ein Problem dar? Hat er das alles meinem Großvater verübelt? Vielleicht sogar mir? Ich hätte gerne mit ihm darüber geredet, ich hätte gerne seine Sicht der Dinge kennengelernt.

Nichts zu wissen, nichts getan zu haben, hatte am Ende sein Leben gerettet. Auch diese Lehre schien er verinnerlicht zu haben, um Herausforderungen zu bewältigen. Er hielt sich mit der eigenen Meinung stets zurück, er hielt sich raus, er positionierte sich nicht. Sein Interesse für Geografie, Geschichte und Politik war dennoch groß. Darüber diskutierte er mit wenigen, ausgewählten Menschen, denen er vertraute. Seine eigene Meinung über die politischen, gesellschaftlichen, individuellen Ursachen all der Verwerfungen in der deutschen Vergangenheit ließ sich allerdings kaum in Erfahrung bringen. Vorstößen in diese Richtung hielt er entgegen: „Dinge passieren eben, da kann ich nichts machen." Er sprach über Außenstehende nicht abfällig, hatte durchaus Sinn für Humor und gute Unterhaltung. In die Tiefe ließ er nicht blicken.

Die Pflichten, die ihm seine Eltern auferlegten, und die ererbte Sorge um den landwirtschaftlichen Betrieb erledigte er Zeit seines Lebens gewissenhaft, obwohl er eigentlich doch ganz andere berufliche Pläne gehegt hatte. Technik war immer seine Leidenschaft. So waren nun die Traktoren blitzblank, alle Maschinen bestens gewartet, auch nach vielen Jahren funktionstüchtig, die Werkstatt präzise sortiert, die Werkzeuge stets an ihrem Platz. Er mochte Tiere, besonders Hunde, ihre rührende Anhänglichkeit. Von ihnen drohten keine Kritik und kein Widerspruch, den er nicht vertrug. Hunden konnte er seine Zuneigung besser zeigen als den Menschen. Im direkten Kontakt mit seinen Nächsten konnte er manches Mal unberechenbar und launisch reagieren, was wohl nur die eigene Unsicherheit und sein tiefes Unbehagen verbergen sollte.

Eigentlich verfügte er über Gerechtigkeitssinn und einen inneren moralischen Kompass. Jahrelang war er als Schöffe tätig, ein Ehrenamt, das ihm viel bedeutete. Angeber konnte er nicht leiden und er nahm sich selbst nie wichtig. Mit Leuten, die sich viel auf ihr Her- und Auskommen einbildeten, wollte er sich nicht umgeben.

Er selbst beschied sich mit einem einfachen, fast kargen Leben, sowohl in seinen Ansprüchen nach außen wie in den Ansprüchen an sich selbst. Wie sehr er seine Frau, eine bezaubernde, naturverbundene, stets gut gelaunte Französin, liebte, die er trotz familiärer Widerstände im Jahr 1954 geheiratet hatte, war erst nach ihrem Tod in den vielen Jahren seiner Witwerschaft erkennbar. Nun wollte er Abhängigkeiten und Verbindlichkeiten abstreifen, wollte frei sein, sorgte dafür, in Ruhe gelassen zu werden, litt aber darunter, allein zu sein. So blieb er in der großen Familie, die er mit seiner Frau gegründet hatte, immer auf rätselhafte Weise einsam.

Er machte es seiner nächsten Umgebung nicht leicht, weil er selbst offenbar schwer an seinem Leben trug. Erst jetzt erkannten und verstanden wir, angesichts seines Nachlasses, angesichts des Inhalts seines Rucksacks, ausgebreitet auf dem Tisch, wie verletzlich und bedürftig dieser Junge auf der Schwelle zum Erwachsenen 71 Jahre lang bis kurz vor seinem Tod geblieben war.

„Dass wir jüdische Familie gehabt haben, war ein Familiengeheimnis"
Sophie-Dorothee Fleisch

Die schmerzliche Lücke, die besteht, wenn ein ganzer Zweig der eigenen Familie verschwunden, vertrieben, ermordet wurde, beschreibt Sophie-Dorothea Fleisch eindrücklich. Aber auch, welche Kraft und Verpflichtung zum Engagement daraus erwächst.

Alfred, Clara, Else, Alfred, Felix, Hans, Johanna, Günther, Marianne, Fritz, Margarethe, Heinrich, Rudolf, Bertha, Malkitta, Hilde, Kurt, Käthe, Walter, Adolf und Marie. Über diese Menschen wollte Sophie-Dorothee Fleisch etwas in Erfahrung bringen. Zu Beginn kannte sie nicht einmal alle Namen; sie wollte wissen, wie diese Menschen lebten, welche Berufe sie ergriffen, wie und vor allem wo sie starben. Diese Namen trug sie in ihrer langjährigen Suche nach den Geschwistern ihres mütterlichen Urgroßvaters Ernst Hahn und deren Angehörigen zusammen. Schon als Schülerin empfand sie es als moralische Pflicht, als drängende Aufgabe, den Verbleib ihrer Verwandtschaft offenzulegen. „Dass wir ermordete jüdische Familie hatten, war von Anfang an klar und wurde nicht verheimlicht. Die Verwandten waren tot, aber saßen oft quasi mit am Tisch, weil meine Mutter von ihnen sprach, als wären sie noch da." Dieser Satz beschreibt nüchtern, wie Sophie-Dorothee aufwuchs. Er beschreibt, wie ihre Familie mit Geschichte umging und heute noch umgeht. Er beschreibt, dass in den Augen Sophie-Dorothees die

Vergangenheit nicht vorbei ist, sondern stets im direkten Bezug zur Gegenwart steht. „Ich sehe mich im geschichtlichen Zusammenhang und frage mich: Inwieweit haben die Zeit des Nationalsozialismus und der Zweite Weltkrieg heute noch Einfluss? Es ist – das erkenne ich immer mehr – ein Lebensthema – wenn auch natürlich nicht das einzige", sagt sie. Sie hatte Kontakt zu mir aufgenommen, weil sie eine Verbundenheit empfand im Umgang mit der je eigenen Familiengeschichte.

Sophie-Dorothee Fleisch wurde 1962 in Osterode geboren und wuchs als Jüngste von vier Geschwistern in ländlicher Idylle in einem Dörfchen am Harz auf. Ihre Eltern brachten den Kindern großes Vertrauen entgegen und gewährten viel Freiheit. Von den Eltern berichtet sie voller Hochachtung. Da ist der umfassend gebildete Vater, bewandert in historischen, literarischen wie naturwissenschaftlichen Themen, der aber bis heute pessimistisch auf das Weltgetriebe blickt. Er ist – so seine Tochter – ein klassischer Intellektueller, der aus Vernunftgründen nach dem Krieg Bergbau studiert und damit die familiäre Tradition fortgesetzt hatte. Seine Vorfahren waren bereits Bergleute im Harz gewesen. Er, Jahrgang 1928, war mit 15 Jahren als Flakhelfer eingezogen worden. Die Kriegserlebnisse stimmten ihn zu gewissen Anlässen immer wieder melancholisch. Er berichtete schreckliche Details, die ein kleines Kind nach Ansicht seiner Tochter nicht hätte hören sollen. „Ob er die nun alle selbst erlebt hat oder sie vom Hörensagen kannte, ist mir nicht klar. Jedenfalls erfuhren wir zum Beispiel von einem jungen Kameraden, der sich auf eine Handgranate warf und zerrissen wurde, um andere zu schützen. Auch erzählte er immer wieder von seiner Flucht aus der amerikanischen Kriegsgefangenschaft, wie ihm die Patronenkugeln um die Ohren flogen, und warnte uns vor gefährlichen Querschlägern im Wald", sagt Sophie-Dorothee. Seine Erfahrungen hatten Auswirkungen noch Jahrzehnte später: Waldspaziergänge mit der Familie nutzte er, um seine Kinder wichtige Überlebenstechniken zu lehren: Tarnkleidung, Tannennadeln kauen gegen den Durst, nasses Taschentuch im Nacken gegen die Hitze, Erkennen der Himmelsrichtung anhand des Mooses an den Baumstämmen und des Nordsterns ...

So schwer sich der Krieg auf das Gemüt des Vaters legte, so abenteuerlich schien die Mutter diese Zeit empfunden zu haben, als sie allein mit bunt schillernden Granatsplittern in zerstörten Häusern spielte. Dass der Krieg auch bei ihr tiefe Spuren hinterlassen hatte, erahnte ihre Tochter erst spät. Noch lange nach dem Krieg habe sie immer nur auf der vordersten Kante von Stühlen gesessen. Nie habe sie sich entspannt zurückgelehnt, immer in Erwartung eines nahenden Bombenalarms. Von „Trauma" will die Mutter allerdings nichts wissen. „Das Wort gab's damals noch gar nicht. Dann müsste ja meine ganze Generation traumatisiert sein", seien kürzlich ihre Worte gewesen. Sie, geboren 1932, ist der optimistische Part in der Ehe, eine unerschrockene, wie ihr Mann auf politischem wie geschichtlichem Gebiet versierte Frau, die dem Leben furchtlos gegenübersteht. Voller Autorität und Schwung engagierte sie sich für ihre Berufung – die Familie – und ihre gesellschaftspolitischen Ehrenämter. Eines davon war ihre Mitgliedschaft im Kirchenrat, obwohl sie sich selbst nicht als gläubige Christin bezeichnete. Dieses Ehrenamt lag ihr aus politischen, nicht aus religiösen Gründen am Herzen. Dinge kritisch zu hinterfragen, zu diskutieren, Programme nicht unüberlegt zu übernehmen, sich die Freiheit des Denkens zu bewahren – dies waren Dinge, die Sophie-Dorothee und ihre Geschwister am Esstisch zuhause mit den Eltern einübten. Der Vater trat aus Überzeugung nie in eine Partei oder in einen Verein ein, weil ihn „Gruppengehabe aller Art", wie es seine Tochter formuliert, seit der Hitlerjugend abstieß.

Eine frühe, sich auf geschichtliches Erbe beziehende Erinnerung der damals fünfjährigen Tochter setzt während des Sechs-Tage-Krieges ein, der vom 5. bis 10. Juni 1967 zwischen Israel und den benachbarten Staaten dauerte. „Meine Eltern fieberten Tag und Nacht am Radio mit. Das Existenzrecht des Staates Israel war in meiner Familie von Anfang an ein Thema." Der Vater spendete sein Leben lang bis heute für „Keren Hayesod", die zentrale Organisation der Spendensammlung für wohltätige Projekte in Israel. Ein noch einschneidenderes Erlebnis stellte die Einschulung dar, als die Mutter die sechsjährige Sophie-Dorothee beiseitenahm. Sie erinnert sich: „Während mir vorher eigentlich nie etwas verboten wurde – außer Comics, *Bravo* lesen und Motorradfahren –, sagte meine Mutter, ich dürfe in der Schule alles machen, nur die Tatsache, dass wir jüdische Familie gehabt haben, wäre ein Familiengeheimnis, worüber ich mit niemandem je sprechen sollte." Das Mädchen nahm es hin und hielt sich an das Verbot, bis sie 18 Jahre alt war, was sie heute selbst erstaunt. Das Verbot wurde mit der Sorge begründet, dass es womöglich in der Umgebung noch Nationalsozialisten oder Antisemiten gebe, die bestimmt noch ihre Gewehre im Schrank hätten und von denen man nicht wisse, was sie im Krieg gemacht hätten. „Während unsere Familie der verschworene Schutzbund gegen alles und jeden war, waren ‚die da draußen' immer ein bisschen suspekt", sagt sie.

Als kleines Mädchen hatte sie auf ihrem Nachttisch immer ein Täschchen deponiert, in dem die notwendigsten Dinge verstaut waren wie der Kinderausweis und Taschengeld; Dinge, die für eine plötzliche Flucht unverzichtbar gewesen wären. „Niemand hat mir gesagt, dass ich das tun solle. Ich hielt es aber für notwendig", sagt sie, und fügt hinzu: „Noch heute mag ich keine Handtaschen. Ich denke halbbewusst, sie würden mich bei einer Flucht, wo man wegrennen muss, behindern – weil ich dann die Hände nicht frei hätte. Deshalb habe ich einen kleinen Rucksack. Ich weiß, dass das irrational ist, komme aber dagegen nicht an."

Bis in die Gegenwart wirken sich die Familienberichte über Hunger und Mangel zur Zeit der beiden Weltkriege auf den Haushalt Sophie-Dorothees aus, in dem ausgeklügelte Vorratshaltung eine wichtige Rolle spielt. Angegammeltes Obst und Gemüse werden verzehrt und nicht weggeworfen, kein Ausflug findet ohne Proviant statt. Eines Tages vertraute die Mutter ihrer erwachsenen Tochter die Lebensmittelkarten an, die ihr das Überleben im Krieg gesichert hatten und die sie bewusst aufbewahrt hatte. Sie war enttäuscht gewesen, dass ihre Enkel, die Neffen und Nichten Sophie-Dorothees, den Wert dieser kleinen Papierstücke nicht ermessen konnten und sich nicht dafür interessierten. Der Vater übergab ihr seine Soldatenerkennungsmarke, die immer neben seinem Bett gehangen hatte „als Symbol seines Überlebens". Gleichzeitig erhielt sie einen kunstvoll geschnitzten Spazierstock mit filigranem Muster, den eingravierten Initialen des Vaters und dem Datum: 1.1.1945. Ein russischer Kriegsgefangener habe diesen, so der Vater, für ihn hergestellt im Tausch gegen Brot. „Der Stock ist wie eine Mahnung, ich schätze ihn, denke an den unbekannten, begabten Mann; aber er ist auch eine Belastung, denn der russische Soldat ist mit großer Wahrscheinlichkeit elendig zu Grunde gegangen und hat diesen Stock sicher nicht zum Vergnügen geschnitzt", sagt Sophie-Dorothee und fragt sich: „Was mache ich damit?"

Dinge überleben Generationen, Menschen nicht. Da gebe es auch Gegenstände, die im Familienbesitz waren, die den Holocaust überdauerten, im Gegensatz zu ihren ehemaligen Besitzern, die diesem zum Opfer gefallen waren. Sophie-Dorothee Fleisch zählt auf: einen Teppich, einen Schreibtisch, ein Silberbesteck, eine Villa in Wannsee, die aber nicht zurückgegeben beziehungsweise nicht angemessen erstattet worden ist, ein Gemälde von Max Liebermann aus dem Jahr 1927, das bis heute verschollen blieb. Diese Dinge sind verstreut wie die Reste der Familie. Sie erinnern an die düstere Zeit, die sie schon als junges Mädchen als Verpflichtung zum politischen Handeln wahrnahm.

Wie ihre älteren Geschwister war sie in der Schule stets Klassensprecherin und im Gymnasium Schülersprecherin. Sie engagierte sich, ebenfalls wie ihre Geschwister, in einer überparteilichen Organisation, dem Fortbildungswerk für Studenten und Schüler e.V., für das sich auch die Mutter stark einsetzte. Diese Organisation legte Wert auf offenen Diskurs und demokratische Bildung junger Menschen, um diese zu wappnen gegen gewaltbereite Extremisten jeder Couleur an Schulen und Universitäten. Das Gymnasium, das Sophie-Dorothea Fleisch besuchte, habe zu ihrer Schulzeit ein Direktor geleitet, der sich, so Sophie-Dorothee, selbst zum Marxismus bekannt und seine eigenen Überzeugungen in seiner Schule zu etablieren versucht habe. „Von gebotener Neutralität in herausgehobener Stellung keine Spur", empört sich Sophie-Dorothee noch heute: „Die Situation war verheerend, zeitweise richtig gefährlich, die Schülerschaft total gespalten. Da gab es

Mitschüler, die die Gewalttaten der damals aktiven Terror-organisation RAF billigten und spürbar Rückendeckung vom Direktor bekamen; und dann gab es Jugendliche, die unpolitisch sein wollten oder aus eher konservativen Unternehmerfamilien stammten und allein aus diesem Grund mit Nachteilen und Schikanen des Rektors rechnen mussten."

In dieser Zeit machte sie die Erfahrung, dass es in solch einem Machtgefüge, wie es sich missbräuchlich auch in der Schule entwickeln kann, wenige Menschen gibt, auf die man sich angesichts von politischer Polarisierung, angesichts von gruppendynamischen Effekten, angesichts von Angst und Opportunismus verlassen kann. Noch heute ist sie stolz darauf, dass es ihr gelang, eben diesen Rektor als Beisitzer in ihrem mündlichen Abitur wegen Befangenheit zu verhindern. Angst habe sie damals nicht gehabt, Stress sicherlich. Sie erinnert sich an den lobenden Ausspruch der Eltern und Geschwister: „Viel Feind, viel Ehr. Den Luxus, vor dem Feind zu kneifen, konnte ich mir nicht erlauben. Dann würden gewissermaßen sofort die ermordeten Verwandten aus ihren Massengräbern, so sie das denn überhaupt haben, steigen und mir bitterste Vorwürfe machen und rufen: ‚Alle waren im sogenannten Dritten Reich feige, deswegen mussten wir sterben.'"

Sophie-Dorothee Fleisch weiß heute, dass sie sich selbst immer wieder einem großen Druck aussetzt. Erst seitdem sie sich dessen bewusst ist, kann sie diesem Druck gelegentlich ausweichen. Das gesellschaftspolitische Engagement, das sie bereits mit 14 Jahren entwickelte, hatte ihrer Ansicht nach immer einen direkten Bezug zu den Katastrophen der Zeit des Nationalsozialismus. Auch ihre Studienwahl, Jura, war dem Bedürfnis geschuldet, an der Erhaltung des Rechtsstaates mitzuwirken.

„Jeder Einzelne, also auch ich, ist gefragt, sich fürs Allgemeinwohl, gegen Extremismus jeglicher Art einzusetzen. In der Schul- und Unizeit waren es der Linksextremismus und die ideologisch gesteuerte Gewaltbereitschaft, die meine Gegenwehr herausforderten. Mein politisches Engagement brachte mir alle möglichen Ämter ein: von der Betriebsrätin in einem Energiekonzern vor vielen Jahren bis hin zum Ehrenamt in Sachen ‚Flüchtlinge 2015'. Viele Dinge habe ich initiiert: Zeitungsartikel, Flugblätter, Gruppengründungen und Demos gegen Ungerechtigkeiten und für Freiheit. Heute sind es eher der Rechtsextremismus und die Hetze gegen Ausländer und Flüchtlinge, die mich auf die Palme bringen, und ich habe ein schlechtes Gewissen, wenn ich biedermeierliche Gartenarbeit mache, statt gegen Fehlentwicklungen in der Gesellschaft aufzustehen." Das Engagement hatte auch viele persönlich bereichernde Auswirkungen. Beispielsweise sind sie und ihr Mann mit einem jungen Ehepaar befreundet, das im Jahr 2015 wegen seines christlichen Glaubens aus dem Iran nach Deutschland geflohen war. „Sie wissen als Einzige, wo sich unser Schlüssel befindet, so dass sie im Notfall ohne Umschweife bei uns untertauchen können. Man braucht immer einen Plan B."

Als sie als Jugendliche begann, sich politisch zu engagieren, begann sie auch, nach ihren jüdischen Verwandten zu fragen. Ihre Großmutter mütterlicherseits, Margot, die nach nationalsozialistischer, rassenideologischer Terminologie als „Halbjüdin" galt, blieb in der Beschreibung der Familiengeschichte wortkarg. Sie wandte sich – so die Enkelin – lieber der Gegenwart und Zukunft zu. Nach den einzelnen Lebensbildern befragt, antwortete sie lediglich kurz, ihre Verwandten väterlicherseits seien wohl alle in

Theresienstadt umgekommen. Margot, 1908 geboren, erzählte kaum etwas von gemeinsamen Erlebnissen mit ihren Onkeln, Tanten, Vettern und Cousinen, berichtete wenig aus den grausamen Jahren der nationalsozialistischen Verfolgung und Ermordung. Sophie-Dorothees Mutter war da anders. Ihre Haltung war geschichtsbezogen, „vertikal", wie ihre Tochter sagt. Sie holte ihre Verwandtschaft in die Gegenwart: Sie verglich die Gestik ihrer Kinder mit der von Großonkel Felix und bemerkte, Großonkel Alfred habe ‚den Corinth' gekauft, als sei dies gerade vor kurzem geschehen. Die Verwandtschaft war greifbar und präsent, sie lebten in Sophie-Dorothees Familie in Geschichten und Gegenständen weiter. Dabei vermittelte die Mutter das Gefühl, dass fast alle umgekommen seien und im Wesentlichen nur die Nachkommenschaft von Ernst Hahn, Sophie-Dorothees Urgroßvater und Margots Vater, überlebt habe.

Die jahrelangen Recherchen Sophie-Dorothees brachten zutage, dass nicht alle Geschwister Ernsts ums Leben gekommen waren und dass in verschiedenen Teilen der Welt entfernte Vettern und Cousinen lebten. Sie hatte ihre Erkenntnisse bereits im Jahr 2004 in einem Roman festgehalten, der aus fiktiven und realen Elementen ihrer Familiengeschichte bestand. Der Roman erschien im Selbstverlag. Zwei Jahre später veröffentlichte sie in der Reihe „Jüdische Miniaturen. Spektrum jüdischen Lebens", die vom Centrum Judaicum in Berlin herausgegeben wird, ein Büchlein über ihren Urgroßonkel Alfred Hahn und seine Geschwister. 2003 hatte sie, gerade 41-jährig, ihre gut dotierte Anstellung in einem Start-up-Unternehmen wegen betriebsbedingter Kündigung verloren. In den Zeiten der globalen Wirtschaftskrise gelang es ihr zunächst nicht, eine adäquate Neuanstellung zu finden. „Da machte ich aus der Not eine Tugend und fing an zu schreiben." In ihren Roman flossen all ihre jahrzehntelangen Bemühungen ein, die Geschichte ihrer jüdischen Verwandtschaft zu erhellen: ihre Reise nach Israel, ihr Besuch in Yad Vashem, der Gedenkstätte, die an die nationalsozialistische Vernichtung der Juden erinnert und sie wissenschaftlich dokumentiert. Dort hinterlegte sie die Namen ihrer ermordeten Verwandten. In Israel spürte sie noch lebende Angehörige auf, ebenso in den Niederlanden, in den USA und Südafrika.

Sie machte auch das ehemalige stattliche Domizil der Familie Hahn ausfindig, die Villa am Wannsee – so auch der Titel ihres Romans –, die in unmittelbarer Nähe zu einer anderen Villa steht, die entsetzliche Berühmtheit erlangt hatte. Dort waren am 20. Januar 1942 15 Vertreter der nationalsozialistischen Regierung, darunter Reinhard Heydrich, Adolf Eichmann und Roland Freisler, zu einer Konferenz zusammengekommen, die als „Wannsee-Konferenz" in die Geschichte einging. Sie diente dazu, die Vernichtung der Juden, die seit dem Feldzug gegen die Sowjetunion bereits auf der Tagesordnung stand, systematisch zu organisieren und zu strukturieren. „Der Zweck der Wannsee-Konferenz wird häufig falsch wiedergegeben", sagt Sophie-Dorothee und fügt hinzu: „Es ging nicht darum, die ‚Endlösung der Judenfrage' offiziell zu beschließen, denn diese war längst beschlossene Sache und in vollem Gange, wie man am Beispiel der Familie Hahn sehen kann. Vielmehr ging es insbesondere Heydrich in erster Linie darum, die betroffenen Dienststellen einzubinden, mitverantwortlich zu machen und seine Vormachtstellung als Organisator zu untermauern." Außerdem sollte geklärt werden, wie mit „Mischehen", also den jüdisch-nichtjüdischen Ehepaaren, und „Mischlingen", also den Kindern aus Mischehen, zu verfahren sei. „Gerade in gehobenen Gesellschaftskreisen gab es viele ‚Mischehen' ausgerechnet in Berlin. Man befürchtete unkontrollierbares Aufsehen beim Abtransport von Ehepartnern", sagt Sophie-Dorothee. Die Meinungen gingen auseinander, ob man die Ehepaare aus „Mischehen" mit Zwangsscheidungen oder Deportationen und die „Mischlinge" mit Sterilisation bedrohen oder sie zunächst aus Sorge um gesellschaftlichen Aufruhr verschonen sollte. Eine endgültige Entscheidung zu diesem Thema wurde vertagt. „Diesem Umstand verdanke ich letztlich mein Dasein", sagt Sophie-Dorothee.

Ihr Urgroßvater Ernst Hahn, der am 24. Oktober 1876 in Berlin geboren worden war, überlebte den Holocaust, weil er im Jahr 1903 seine nichtjüdische Frau Lina Berta geheiratet hatte. Das Ehepaar hatte, anders als viele andere, sich nicht dem öffentlichen Druck gebeugt und sich nicht scheiden lassen. Ernst selbst hatte sich im Jahr der Trauung taufen lassen. Die Urenkelin ist sich sicher, dass damals religiöse Überzeugungen Ernsts keine Rolle spielten, sondern vielmehr die pragmatische Entscheidung, die Hochzeit mit einer Christin zu ermöglichen. Dieser Schritt wird nicht, auch davon ist die Urenkelin überzeugt, große Begeisterung in der Familie Hahn ausgelöst haben; der Umstand sei aber wohl gemildert worden dadurch, dass Lina Berta eine „gute Partie" war. Außerdem waren die Hahns nicht strenggläubig und pflegten ein säkulares Leben. Jüdisch-Sein war im gehobenen bildungsbürgerlichen Selbstverständnis von Sophie-Dorothees Vorfahren eher ein kulturelles als ein religiöses Erbe. Dieses wirkte auf ihre Urgroßeltern trotz der Konversion Ernsts weiter, da man in Berlin in unmittelbarer Nähe der Hahn'schen Verwandtschaft lebte und sich oft traf. Diese Prägung ist in Sophie-Dorothees Familie heute noch spürbar.

Der Großhandels-Textilkaufmann Ernst, Vater der Töchter Erna und Margot, hatte noch am 3. Januar 1935 „im Namen des Führers und Reichskanzlers [...] zur Erinnerung an den Weltkrieg 1914/1918 das von dem Reichspräsidenten Generalfeldmarschall von Hindenburg gestiftete Ehrenkreuz für Frontkämpfer" erhalten, da ihm bereits 1918 das Eiserne Kreuz II. Klasse verliehen worden war. Acht Jahre später war von Verdiensten für das Vaterland keine Rede mehr, als Ernst von der Gestapo verhaftet und – wie man es in der Familie mündlich überlieferte – mit vielen anderen jüdischen Partnern aus „Mischehen" in der Rosenstraße in Berlin eingesperrt wurde. Am 27. Februar 1943 waren in Berlin mehrere Tausend Juden, die bis zu diesem Zeitpunkt vor allem Zwangsarbeit in Rüstungsbetrieben zu leisten hatten, verhaftet und deportiert worden. Diejenigen unter ihnen, etwa 2000 Personen, die einen nichtjüdischen Ehepartner hatten, oder Jugendliche, die aus „Mischehen" stammten, wurden in die Rosenstraße 2–4 verschleppt, einem Verwaltungsgebäude der jüdischen Gemeinde. Noch in derselben Nacht sammelten sich Hunderte von Frauen, die in einer, zu nationalsozialistischen Zeiten noch nie da gewesenen Weise gegen die Inhaftierung ihrer Männer protestierten und ihren Protest trotz Gewaltandrohung durch die SS auch in den folgenden Tagen fortsetzten. Die Ereignisse dieser Tage wurden in dem Film „Rosenstraße" im Jahr 2003 künstlerisch umgesetzt. Dass ihr Urgroßvater tatsächlich in der Rosenstraße interniert war, würde Sophie-Dorothee gern belegen. Bis heute ist es ihr allerdings nicht gelungen, Namenslisten der Häftlinge aus der Rosenstraße zu finden, da es anscheinend keine gibt. Auch weiß sie nicht, ob ihre Urgroßmutter zu den Demonstrantinnen gehörte. Aber sie traut es ihr zu.

Am 6. März 1943 wurde verfügt, die in der Rosenstraße inhaftierten Juden aus „Mischehen" freizulassen. Die Zivilcourage der demonstrierenden Frauen beeindruckt Sophie-Dorothee Fleisch. Sie ist ihr Maßstab ans eigene Handeln. „So hätten sich die Deutschen schon seit 1933 verhalten müssen. Allerdings weiß ich natürlich nicht, ob ich selbst den Durchblick und den Mut dazu gehabt hätte", sagt sie. Die Töchter Ernsts, Erna und Margot, die Großmutter Sophie-Dorothees, die nach nationalsozialistischer Terminologie auch als „Mischlinge ersten Grades" bezeichnet wurden, heirateten nichtjüdische Männer. Diesen Männern wurde von staatlicher Seite die Scheidung „nahegelegt", was beide ablehnten.

Ernst und Lina verloren ihre Berliner Wohnung am Kriegsende durch Brandstiftung. Russische Soldaten hatten, so berichtet es Sophie-Dorothees Mutter, im Keller die SA-Uniform eines Nachbarn gefunden und daraufhin das ganze Haus angezündet. Bei einem benachbarten Metzger harrten Ernst und Lina tagelang in der weißgekachelten Schlachtküche mit vielen anderen Heimatlosen auf Stühlen aus, bis ihre Tochter Erna sie mit einem Leiterwagen abholen konnte, sie quer durch die Stadt fuhr und zu sich nahm. Die letzten Lebensjahre verbrachten Ernst und Lina bei Margot und ihrem Mann Wilhelm Barth im Ruhrgebiet. Ernst starb 1950 in Oberhausen, seine Frau im Jahr 1958 in Essen.

Urgroßvater Ernst hatte sechs Geschwister, die zwischen 1873 und 1882 geboren worden sind: Alfred, Felix, die Zwillinge Hans und Margarethe, Kurt und Adolf. Die Eltern Salomon und Charlotte, aus Osteuropa stammend, hatten ihre große Familie in Berlin gegründet. Als Salomon starb, hinterließ er eine Witwe und sieben Kinder, von denen sechs minderjährig waren. Charlotte gelang es trotz finanzieller Nöte die Kinder in bildungsbürgerlichem Sinn aufwachsen und ausbilden zu lassen. „Die Kinder gehörten einer etablierten Schicht an, deren Werte und Erziehungsmuster offenbar bis heute fortwirken, denn sogar ich bin damit aufgewachsen, dass Servietten aus Stoff, fast tischtuchgroß und mit Monogramm bestickt sein müssen und dass ein Herr immer vor der Dame ein Restaurant zu betreten hat", erzählt Sophie-Dorothee. Ihre Ur-Urgroßmutter Charlotte starb 1937 mit 87 Jahren. Sie hatte zwar noch die ersten Phasen der Ausgrenzung, Entrechtung und Verfolgung der Juden in Deutschland zu spüren bekommen. Die physische Verfolgung bis hin zur Vernichtung des europäischen Judentums und die Schicksale ihrer Kinder, Schwiegerkinder und Enkel erlebte sie nicht mehr.

„Die immense Zahl von sechs Millionen ermordeter Juden ist so riesig, geradezu abstrakt, dass man sich das nicht vorstellen kann. Anhand der Angehörigen der Familie Hahn, die an verschiedenen Orten auf unterschiedliche Weise umgebracht worden sind, werden das ganze Spektrum der Stationen und die Methoden des Mordens konkret", sagt Sophie-Dorothee Fleisch.

Die ersten der Geschwister Hahn, die den Mordaktionen der Nationalsozialisten zum Opfer fielen, waren Hans und seine Frau Johanna. Er, geboren 1878, war Grundstücks- und Hypothekenvermittler, musste allerdings bis zu seiner Deportation als Fabrikarbeiter Zwangsarbeit leisten. Im Rahmen des „Zweiten Deportationsschubes des Reichssicherheitshauptamtes (RSHA)" wurden am 27. November 1941 1035 Berliner Juden, darunter Hans und Johanna, nach Riga deportiert. Dort wurden am 30. November 1941 all diese Menschen innerhalb von 45 Minuten am Rand eines Massengrabes erschossen, das sie zuvor selbst ausheben mussten. Das Ehepaar hinterließ drei Kinder: Günther und Marianne waren schon im Jahr 1933 geflohen. Ihr beschwerlicher Weg führte über Paris nach Jugoslawien, bis sie schließlich im Jahr 1936 nach Kapstadt gelangten. Der jüngste Sohn Fritz, der 1922 in Breslau geboren wurde, litt unter spastischer Lähmung. Er lebte im „Dauerheim Wörthstraße zu Weißensee". Vater Hans zahlte für seinen Sohn monatlich 75 Reichsmark „Verpflegungsgeld", auch als er als Zwangsarbeiter nur mehr 76 Pfennig Stundenlohn erhielt. Für den Fall seiner Deportation versuchte er vorausschauend, diese Zahlungen aufrechtzuerhalten, um die Versorgung für Fritz sicherzustellen. Das belegen Dokumente, die Sophie-Dorothee ausfindig machte. „Wann und wo Fritz ermordet wurde, wusste ich lange nicht. Am 7. August 2014 jedoch erhielt ich erneut ein Schreiben des Archivs in Bad Arolsen. Eine unglaublich engagierte Angestellte hatte auf meinen Antrag hin nochmals gesucht. Die Spur von Fritz lässt sich nun verfolgen. Zunächst wurde ein Teil der Bewohner des Heims, unter denen sich auch Fritz befand, nach Beelitz und nach Bendorf-Sayn in die dortige Heil- und Pflegeanstalt deportiert. Von dort wurde er nach Koblenz gebracht, von wo am 15. Juni 1942 der Transport D22 nach Sobibor ins Vernichtungslager abging. Fritz wurde 19 Jahre alt", sagt Sophie-Dorothee und fügt hinzu: „Sämtliche Bewohner des Heims Weißensee wurden im Rahmen des ‚Euthanasieprogramms T4' ermordet, das 1941 ja nur zum Schein eingestellt wurde." Benannt nach der Zentraldienststelle Tiergartenstraße 4 bezeichnete die Aktion T4 in erster Linie die Tötung von Menschen mit geistigen, seelischen und körperlichen Behinderungen; in der nationalsozialistischen Terminologie wurden diese Menschen als „lebensunwertes Leben" betitelt, das vernichtet werden müsse. Bereits vor dem offiziellen Beginn der T4-Aktion im Jahr 1940 und auch nach ihrem offiziellen Ende wurde in Heimen tausendfach gemordet. Die ersten Opfer einer systematischen Tötung waren Kinder, die bereits 1939 mit Medikamenten und durch Unterernährung umgebracht wurden. Später setzte man auch Gas ein.

Die Zwillingsschwester von Hans, Margarethe, hatte 1902 Heinrich Levy geheiratet. „Das war ihr Glück", sagt Sophie-Dorothee, „denn Heinrich besaß die türkische Staatsbürgerschaft und konnte seine Familie in letzter Minute retten." Margarethe wurde in ein Konzentrationslager verschleppt, als sich ihr Mann in Palästina befand, um die Ausreise seiner Familie zu organisieren. Sohn Rudolf, promovierter Jurist, war bereits nach Einführung des Gesetzes zur „Wiederherstellung des Berufsbeamtentums" im Jahr 1933 in die Niederlande emigriert. 1942, Deutschland hatte die Niederlande besetzt, wurden er und seine Frau mit der kleinen Tochter Malkitta über Westerbork nach Bergen-Belsen deportiert. Vater Heinrich Levy konnte zu Beginn des Jahres 1945 einen Geiselaustausch zwischen Deutschland und der Türkei nutzen, so dass die junge Familie freikam und über Schweden nach Palästina gelangte. Auch Ehefrau Margarethe und Tochter Hilde holte Heinrich heraus. Wie und wann ihm dies gelang, konnte Sophie-Dorothee bis heute nicht klären. Jedenfalls überlebt dieser Teil der Familie den Holocaust, so dass Margarethes Ur-Großnichte Jahrzehnte später ihre Spuren fand.

Alfred Hahn, geboren 1873, der älteste der Hahn-Geschwister, überlebte den Holocaust nicht. „Von ihm ist am meisten erhalten", schrieb Sophie-Dorothee in den

„Jüdischen Miniaturen", so dass er im Mittelpunkt des Büchleins aus dem Jahr 2006 stand. „Ich konnte seine Personalakte einsehen; ein Abenteuer für sich", sagt sie. Er war erfolgreicher Bankier, unterstützte seine Familie bei Bedarf und finanzierte das Studium seines jüngsten Bruders. Er machte eine steile berufliche Karriere in einer Bank, die später mit der Dresdner Bank fusionierte. Im Jahr 1934 wurde Alfred aus antisemitischen Beweggründen zwangspensioniert.

Gesellschaftlicher Aufstieg einerseits und die Ausgrenzung bis zur Deportation andererseits spiegeln sich nicht zuletzt in den Wohnorten wider: 1926 hatte Alfred ein großes Grundstück am Kleinen Wannsee erworben und eine hübsche Villa darauf errichten lassen. Er und seine Frau Clara liebten Kunst, besonders die Impressionisten; mindestens ein Aquarell vom Walchensee von Lovis Corinth und ein Gemälde vom Wannsee von Max Liebermann befanden sich in ihrem Besitz. „Letzteres hängt irgendwo, wo es nicht hingehört", sagt Sophie-Dorothee und kann ihren Sarkasmus nicht unterdrücken. „Das Bild ist bei ‚Lost Art' gemeldet, bisher aber nicht aufgetaucht", fügt sie hinzu. Zwar wurde bis 1939 die Adresse der Villa, in der in den unbeschwerten Jahren reges gesellschaftliches Leben stattfand und in der sich die Großfamilie immer wieder sammelte, offiziell als zweiter Wohnsitz angegeben. Doch wahrscheinlich schon 1934 mussten Alfred und seine Frau Clara umziehen. Ab Oktober 1939 wohnten sie bis zu ihrer Deportation zur Untermiete in einem kleinen Zimmer bei einer Familie am Hohenzollerndamm in einem sogenannten Judenhaus. Am 20. Juli 1942 wurden Alfred und Clara nach Theresienstadt deportiert, wo Alfred nur wenige Wochen später am 22. August 1942 starb. Im September desselben Jahres wurde Clara nach Weißrussland verbracht und am 19. September 1942 im Vernichtungslager Maly Trostinec in einem Lastwagen vergast. Die einzige Tochter, Else, wurde am 12. März 1943 nach Auschwitz deportiert. Sie war wie ihr Ehemann Alfred Werthan gehörlos, der schon am 1. März 1943 nach Auschwitz gekommen war. Sie wurden beide direkt nach der Ankunft ins Gas geschickt. „Der genaue Zeitpunkt lässt sich deshalb nicht mehr eruieren", sagt Sophie-Dorothee.

Der zweitälteste Hahn-Bruder war Felix, geboren 1875. Er war Diplom-Ingenieur und selbständiger Unternehmer. Als Einziger der Geschwister blieb er unverheiratet. „In der Familie erzählte man sich, dass er ein eleganter Typ gewesen sei, ein Dandy", sagt Sophie-Dorothee. Bei ihm lebte die Ur-Urgroßmutter Charlotte bis zu ihrem Tod in der Aschaffenburger Straße in Berlin, der Sohn kümmerte sich um sie. Felix fiel den Plänen zur Neugestaltung Berlins zum Opfer, die in erster Linie der Architekt Albert Speer, in seiner Funktion als Generalbauinspektor direkt Hitler unterstellt, entworfen hatte. Speers Maßnahmen zu Wohnungsräumungen kamen einem Todesurteil für die jüdischen Bewohner gleich. Die Deportation von Felix Hahn fällt in den Rahmen der sogenannten ‚Deportationen zum Räumauftrag der 3. Großaktion' ab Juni 1942 und seine Adresse in den zu ‚entsiedelnden' Stadtbereich", sagt Sophie-Dorothee. Im Rahmen der „Alterstransporte Theresienstadt vom 21. bis 25. September 1942" wird Felix Hahn nach Theresienstadt deportiert. Das Datum seines Todes ist nicht dokumentiert, die Einäscherung am 19. März 1944 sehr wohl.

Kurt, geboren 1879, der als Großhändler für Spitzen und Stoffe tätig war, konnte rechtzeitig mit seiner Frau Käthe und seinem Sohn Walter in die USA emigrieren. Sophie-Dorothee weiß nicht viel über diesen Ur-Großonkel, lernte aber schon zu Studienzeiten dessen einzigen Sohn Walter kennen. „Es war offensichtlich, dass dieser Heimweh nach Berlin hatte. Seine Frau, die auch aus Deutschland stammte und bis auf ihre Schwester ihre komplette Familie verloren hatte, weigerte sich bis auf eine einzige Ausnahme, hierherzukommen", erzählt Sophie-Dorothee.

Der jüngste Bruder war Adolf, geboren 1882, der mit finanzieller Hilfe des Ältesten, Alfred, Medizin studiert hatte. Auch ihm gelang die Emigration. Er wanderte mit seiner Frau Marie ins englische Manchester aus, wo er ein Nachstudium absolvieren musste und dann als Allgemeinarzt und Gynäkologe tätig war. Das Paar, über das Sophie-Dorothee sonst kaum etwas weiß, blieb kinderlos. Am Beispiel der Familie Hahn findet man alle Schicksale von Juden unter nationalsozialistischer Verfolgung. Sophie-Dorothea Fleisch zieht ihr Fazit: „Von der geglückten Flucht und ihren Schwierigkeiten in der neuen Umgebung bis zum lebenslangen Exil, von der permanenten Angst des ‚Mischlings' vor Entdeckung und Denunziation bis zum Arbeitsverbot als Arzt oder Rechtsanwalt, von der Degradierung bis zum Jobverlust bis zur missglückten Flucht, von der systematischen Ausgrenzung aus der Gesellschaft bis zur ‚Arisierung' des gesamten Vermögens, der Verbannung aus dem eigenen Haus und dem Einpferchen auf wenige, ärmliche und überfüllte Quadratmeter in ‚Judenhäuser' bis zur Zwangsarbeit, vom Warten auf gepackten Koffern in Sammellagern bis zur Zahlung der ‚Reichsfluchtsteuer', von der Deportation bis zur Erschießung durch Einsatzgruppen, vom Krepieren an Typhus, Fleckfieber oder Diarrhö im überfüllten Lager mit tödlichen hygienischen Verhältnissen bis zur ‚Euthanasie', von der Vergasung durch Abgase bis zur Vergasung mit Zyklon B."

Sophie-Dorothee hatte im Jahr 2003 in einem Zeitungs-artikel das erste Mal vom Projekt „Stolpersteine" erfahren und dem Künstler Gunter Demnig geschrieben. Dieser verlegt in Erinnerung an deportierte Juden metallene Pflastersteine im Boden vor den ehemaligen Wohnhäu-sern der verfolgten Menschen. Die Stolpersteine für die ermordeten Mitglieder der Familie Hahn wurden im Jahr 2004 verlegt. Neonazis rissen die Steine für Alfred und Else Werthan, geborene Hahn, noch am selben Tag mit brachialer Gewalt wieder heraus, später wurden sie neu verlegt. Diese Begebenheit war für Sophie-Dorothee ein zusätzlicher Grund, die Geschichte ihrer Verwandten schriftlich niederzulegen. Sie schreibt im Nachwort ihres Romans: „Wirklich tot ist nur, wer vergessen ist. Ein geis-tiges Denkmal, also geistiges Eigentum des Individuums, das des Lesers und meines, kann man nicht schänden, persönliche Erinnerung nicht von außen löschen."

Zum Schluss

... bleibt großer Dank. Große Dankbarkeit erfüllt mich für die wertvollen Begegnungen mit Ursel Bräuning, Sophie-Dorothee Fleisch, Bert Heinrich, Marco Heinzel, Dorothee Johst, Manfred Klose, Hans Niederer, Monika Stephan, Elisabeth Weber-Belling und Niko, dessen wahrer Name nicht veröffentlicht wird und der nach Abschluss des Manuskripts tragischerweise am Neujahrstag 2021 plötzlich verstorben ist. Ebenso dankbar bin ich für die Begegnung mit jener Frau, die unerkannt bleiben möchte, die über ihre Familiengeschichte nichts weiß und dieses Nichtwissen als große Last empfindet. Ich bin dankbar für den schriftlichen Nachlass meines im Jahr 2016 verstorbenen Schwiegervaters Christoph von Bechtolsheim, mit dem ich nie über die Überschneidungen seiner Geschichte mit meiner Familiengeschichte sprechen konnte. Bis heute bleiben mir seine eigene Wahrnehmung dieser Zeit, seine Gefühle, seine Hoffnungen, seine persönlichen Einschätzungen verborgen. Ich bin dankbar dafür, dass meine Annäherung an meinen Großvater Claus Graf Stauffenberg so viele Menschen berührte und damit für mich ungeahnte Folgen wie dieses Buchprojekt nach sich zog. Ich danke allen Leserbriefschreibern und meinen elf Gesprächspartnern dafür, dass sie von sich aus zu mir – in den meisten Fällen einer gänzlich Fremden – Kontakt aufnahmen und schon in den ersten Zuschriften so viel preisgaben. Ich bin dankbar für das große Vertrauen, die Offenheit, das Gelächter, die Tränen und die Gastlichkeit, für alles, was unsere intensiven Gespräche begleitete, für alles, was Freundschaft ausmacht. Ich danke ihnen, dass sie mir ihre Familiengeschichten offenlegten und damit ein tieferes Verständnis für Geschichte ermöglicht haben. Ich danke dafür, all diese wunderbaren Menschen kennengelernt zu haben. Ich danke für die Kontakte zu deren Partnern, Geschwistern, Eltern und Kindern, für ihre Anregungen, Berichtigungen und Denkanstöße. Es ehrt mich, dass das Buchprojekt intensive Diskussionen innerhalb der Familien auslöste. All diese Menschen – so unterschiedlich ihre Lebensgeschichten sind – haben eines gemeinsam: Sie haben sich entschlossen, ihre individuellen Rucksäcke, ihre Lasten aus der eigenen wie der Familiengeschichte „auszupacken", sich um ihr Erbe zu kümmern und auf eindrückliche Weise dafür Verantwortung zu übernehmen.

Ich danke meiner Familie und meinen Freunden für Geduld, Gebet und Unterstützung, meinem Lektor Dr. Patrick Oelze für alle Impulse und die Ermutigung, der Pressereferentin Isabelle Püttmann für ihre Kreativität und Dr. Dorothea Lang für die Erstlektüre und ihren Optimismus.

Abbildungsverzeichnis

Seite 6: Kiste mit Briefen aus dem Archiv der Familie Bechtolsheim; Foto: privat

Seite 14: Heinrich Berger mit seiner Tochter Dorothea Johst im Sommer 1944; Foto: privat

Seite 32: Sudetendeutsche werden im Mai 1946 per Zug von einem Lager in Modrany in Prag nach Deutschland deportiert; Foto: picture-alliance/dpa/dpaweb | CTK

Seite 44: Ursula Bräuning im Februar 2020; Foto: Christoph Sahner

Seite 60: Nationalsozialistisches Deutsches Jungvolk während einer Veranstaltung auf dem Esslinger Marktplatz, circa 1935, unter den Teilnehmern: Bert Heinrich; Foto: privat

Seite 84: Elisabeth Weber-Belling mit Bruder Thomas und Vater Rudolf Belling in Istanbul, 1954; Foto: privat

Seite 104: Hans Niederer mit seinen Schwestern, circa 1938; Foto: privat

Seite 122: Demonstration für Meinungsfreiheit in Plauen, 7. Oktober 1989, Einsatz eines Löschfahrzeugs der Feuerwehr als Wasserwerfer gegen die Demonstranten; Foto: Stadtarchiv Plauen (StadtA Pl, Vorlass I. Friedrich, Nr. 35)

Seite 144: Letzter Brief von Josef Höss aus dem Konzentrationslager an seine Eltern vom 25. Februar 1945; Privatbesitz
Transkription: Liebste Eltern. Euern Brief erhalten/u. alle Pakl die Ihr mir ge-/schickt habt. Ihr schreibt immer/ich schreibe nicht ich schreibe alle/14 Tage. Nun wie geht es Euch/meine Lieben hoffentlich gut/Mir geht es gut, bin gesund. Ihr/schreibt immer warum ich/nie Antwort gebe ja seid/Ihr wirklich [ausradiert] da/kent sich doch nun jeder aus/wenn er immer solche Briefe/griegt. Nun deutlicher kann/Ich doch nicht mehr schreiben/Nun grüß mir Marie und Anderl [Herzlichen] Gruß Euer Sepp

Seite 164: Manfred Klose mit seiner Mutter Martha, 1955; Foto: Gertrud Klose

Seite 184: Brief von Christoph von Bechtolsheim an seinen Vater Max von Bechtolsheim aus dem Gefängnis in Berlin-Kladow, 15. August 1944; Privatbesitz

Seite 198: Salon von Alfred und Clara Hahn in Berlin-Wannsee, Aufnahme vom 19. März 1929, mit dem bis heute verschwundenen Gemälde von Max Liebermann; Foto: privat

Seite 220: Familienszene, Zeit und Ort unbekannt, aus dem Fotofundus der Familie Bechtolsheim; Foto: privat